QISQACHA
O`zbek Tili Grammatikasi

簡明ウズベク語文法

中嶋善輝

大阪大学出版会

まえがき

　本書は，中央アジアに位置するウズベキスタン共和国の国家語である現代ウズベク語の文法について総合的に解説した文法書です．

　ウズベク語は，アルタイ諸語の内，トルコ語などと同様，チュルク語の1つで，その使用域は，独りウズベキスタン一国に留まらず，中国・新疆ウイグル自治区からキルギスタン，カザフスタン，トゥルクメニスタン，タジキスタン，アフガニスタンなど，広く近隣諸国にまで及び，中央アジア地域では最大の民族語です．人口2,500万近いと見られるウズベク系の人々の多くが話し，近隣諸民族にも解されるほか，ウイグル語（中国・新疆ウイグル自治区を中心に900万近い人口をもつ）とも相互理解が可能なほど近い方言関係にあります．

　ウズベク語の語順は，日本語と同じくいわゆる SOV 型で，名詞類も「てにをは」様の活用をし，動詞類も規則活用をするため，日本人には習得しやすい言語の1つと言えます．文字は，現在ではラテン文字（〜ローマ字）とキリル文字（〜ロシア文字）が併用されています．ウズベキスタンでは，1991年のソ連解体による独立以降，民族主義の高まりの中で，それまで使ってきたキリル文字からの脱却を目指して，1995年にラテン文字による新正書法を導入しました．ただし，新正書法と言っても，基本的にはキリル文字をラテン文字に規則的に置き換える要領を示したものです．以来，ウズベキスタンの教育現場では，このラテン文字による教科書が専ら使われ，一般書籍へも広く普及しています．通常のローマ字キーボードで設定変更なしに入力できるため，情報発信にも都合がよく，インターネットの世界でもすでに盛んに用いられています．

　翻って我が国では，従来専門の研究機関がなかったこともあり，日本語によるウズベク語の研究自体は進んでおらず，今日に至るまでその詳細は不明なところが多い状態でした．本書は，そのような状況を少しでも打開すべ

く，ウズベク語文法の全体像を明らかにしようと記述したものです．

さて，本書のウズベク語文法に関する記述特徴の１つは，アルタイ諸語の１つであるウズベク語が，名詞類，動詞類，不変化詞類のたった３つの品詞類のみからなるという点に立脚した上での章立てです．この章立てにより，時に語彙素が付けられたり離されたりと多様に綴られ，複雑そうに見えるウズベク語の体系も，実は非常にすっきりとした原理で成り立っていることを，容易に理解して頂けることができるものと思います．そしてもう１つの方法論的特徴は，その中で語彙や形態素が，実際の用法として組み合わさった場合，どのような意味を表すのかという点に着目した記述です．例えば，条件を表す接尾辞 =sa《…すれば》に kerek《必要な》を組み合わせた =sa kerek は，《…するであろう》の意味を表しますが，このような組み合わせが表出する特殊な意味は，個々の語からは想像し難いものです．また，ウズベク語で =adigan[2] edi は《…することになっていた》の意を表しますが，隣接するカザフ語で全く同じ要素を組み合わせた =атнын[4] e$ði$ は《(かつて) …するものであった》を意味します．このことは，一方がこうであるからと言って，他方も同じであろうと安易に判断できないことを示しています．そのため，本書の解説項目では，実用される組み合わせに着目し，各々の意味・用法が確認できるよう，分析的な記述に配慮しました．

なお，本書には姉妹書として『簡明ウズベク語辞典』（2015，大阪大学出版会）があります．本書の学習も，辞書を併用すれば，一層その効果を高めることができるものと思いますので，是非ご利用下さい．

最後に，本書が我が国におけるウズベク学の発展と両国民の相互理解ならびに交流促進に，多少なりとも裨益するところがあれば，望外の喜びです．

本書刊行にあたり，独立行政法人日本学術振興会平成27年度科学研究費補助金（研究成果公開促進費）の交付を受けました．記して感謝申し上げます．

2015年11月吉日
中嶋善輝

目次

まえがき　i
凡例　vii

第1章　文字と発音 ……………………………………………………… 1
ウズベク語の文字 …………………………………………………………… 1
ウズベク語アルファベット ………………………………………………… 1
単語の起源と発音に関する注意事項 ……………………………………… 2
文字と発音 …………………………………………………………………… 3
　母音 ………………………………………………………………………… 3
　子音 ………………………………………………………………………… 5
　記号 ………………………………………………………………………… 8
　アクセント ………………………………………………………………… 9

第2章　ウズベク語のつくり …………………………………………… 11
語順 ………………………………………………………………………… 11
体系 ………………………………………………………………………… 11
品詞類 ……………………………………………………………………… 11

第3章　名詞類 …………………………………………………………… 15
1．複数接尾辞と所有接尾辞 …………………………………………… 15
　（1）複数接尾辞 ………………………………………………………… 15
　（2）所有接尾辞 ………………………………………………………… 16
2．名詞の格 ……………………………………………………………… 22
　（1）主格 ………………………………………………………………… 22
　（2）属格（+ning） ……………………………………………………… 23
　（3）与格（+ga³） ……………………………………………………… 24
　（4）対格（+ni） ………………………………………………………… 26
　（5）位格（+da） ………………………………………………………… 27
　（6）奪格（+dan） ……………………………………………………… 28

iii

3．代名詞 …………………………………………………………29
　（1）人称代名詞 ……………………………………………30
　（2）再帰代名詞 ……………………………………………32
　（3）指示代名詞 ……………………………………………34
　（4）疑問代名詞 ……………………………………………35
　（5）総括代名詞 ……………………………………………36
　（6）不定代名詞 ……………………………………………37
　（7）否定代名詞 ……………………………………………38
　（8）所有代名詞 ……………………………………………38
4．補助名詞 …………………………………………………………39
5．形容詞 ……………………………………………………………40
　（1）性質形容詞 ……………………………………………41
　（2）関係形容詞 ……………………………………………43
6．数詞 ………………………………………………………………48
　（1）基数詞 …………………………………………………48
　（2）概数詞 …………………………………………………50
　（3）分配数詞 ………………………………………………51
　（4）分数詞と小数 …………………………………………52
　（5）集合数詞 ………………………………………………52
　（6）個数詞 …………………………………………………53
　（7）序数詞 …………………………………………………54
7．量詞 ………………………………………………………………56
8．ekan(lik) と emaslik ……………………………………………59

第4章　動詞類 …………………………………………………………61
1．不定形と動詞語幹 ………………………………………………62
2．動詞の否定形（=ma=）…………………………………………63
3．態の接尾辞 ………………………………………………………64
　（1）使動態 …………………………………………………64
　（2）受動態 …………………………………………………68
　（3）再帰態 …………………………………………………69
　（4）相動態 …………………………………………………71
4．命令形 ……………………………………………………………72

  5．希求形（=gin） …………………………………………………76
  6．勧奨形（=g'ay⁴） ………………………………………………77
  7．単純過去形と条件形 ……………………………………………77
   （1）単純過去形（=di） …………………………………………78
   （2）条件形（=sa） ………………………………………………79
  8．e*di* ………………………………………………………………82
  9．動名詞 ……………………………………………………………84
   （1）=gi³ …………………………………………………………84
   （2）=ish² …………………………………………………………85
   （3）=moq …………………………………………………………87
  10．形動詞 …………………………………………………………89
   （1）完了形動詞（=gan³） ………………………………………89
   （2）未完了形動詞（=adigan²） …………………………………97
   （3）見込形動詞（=ar²） ………………………………………99
   （4）従事形動詞（=uvchi²） ……………………………………103
   （5）未来形動詞（=ajak²） ……………………………………103
   （6）発見・完了形動詞（=mish） ………………………………104
  11．副動詞 …………………………………………………………105
   （1）完了副動詞（=ib²） ………………………………………105
   （2）未完了副動詞（=a²） ………………………………………109
   （3）目的副動詞（=gani³） ……………………………………112
   （4）順序副動詞（=gach³） ……………………………………113
   （5）限界・選択副動詞（=gun(*i*)cha³） ………………………114
  12．補助動詞 ………………………………………………………115

第5章　不変化詞類 ……………………………………………………127
 1．副詞 ………………………………………………………………127
 2．接続詞 ……………………………………………………………128
  （1）並立接続詞 ……………………………………………………128
  （2）選択接続詞 ……………………………………………………129
  （3）逆接接続詞 ……………………………………………………130
  （4）原因接続詞 ……………………………………………………130
  （5）結果接続詞 ……………………………………………………130

（6）条件接続詞 …………………………………… 131
　　　（7）譲歩接続詞 …………………………………… 131
　　　（8）前提接続詞 …………………………………… 131
　　　（9）換言接続詞 …………………………………… 132
  3．間投詞 ……………………………………………… 132
  4．挿入語 ……………………………………………… 135
  5．後置詞 ……………………………………………… 136
　　　（1）主格支配 ……………………………………… 136
　　　（2）属格支配 ……………………………………… 144
　　　（3）与格支配 ……………………………………… 144
　　　（4）奪格支配 ……………………………………… 147
  6．助詞類 ……………………………………………… 149
　　　（1）人称助詞 ……………………………………… 149
　　　（2）助動詞 ………………………………………… 153
　　　（3）その他の助詞 ………………………………… 158

語彙集　　167
参考文献　　205

凡例

＋（プラス大）	：前の語と離して綴ることを表す.
＋（プラス小）	：名詞類・不変化詞類の接尾語につき，前の語にくっつけて綴ることを表す.
－（ハイフン）	：①正書法上のハイフン．②語末子音であることを明示する際の単語前部の省略
〜（波形記号大）	：主に和文中で，①「あるいは」を表す．②順序の中間部の省略を表す.
〜（波形記号小）	：欧文中で①「あるいは」を表す．②同上語の省略を表す.
← →	：①変化を表す．②「見よ」を表す．③直訳を示す
〃	：和文中で，同上語の省略を表す.
＝（半角等号小）	：動詞人称接尾辞の区切りを表す.
＝（半角等号）	：動詞語幹を表す.
＝（全角等号）	：同じであることを表す.
／	：交替形を並列する.
（　）（半角括弧）	：省略可または必要に応じて用いることを表す.
（　）（全角括弧）	：補足説明を表す.
[　]	：①発音記号を表す．②アラビア数字のウズベク語読みを表す．③和文中で，前の語との置換えを表す.
＊（アステリスク大）	：項目末や欄外の冒頭で，補足説明を表す.
*（アステリスク小）	：綴りの左肩に付き，それが仮構形（説明上の仮の表記）であることを表す.
1), 2), 3)...	：下にその数の順に注釈があることを表す.
$^{2,3...}$（上付アラビア数字）	：形態素の右肩に付きそのバリエーション数を表す.
cf.	：比較・参照を表す.

第1章

文字と発音

ウズベク語の文字

　現在ウズベク語を表記する文字体系は3種類ある．1つは旧ソ連以来使われてきたキリル文字系のアルファベット，もう1つは1991年のウズベキスタン独立以降に導入されたラテン文字系のアルファベットである．そして，アフガニスタンではアラビア文字が用いられている．

　本書では，ウズベキスタン共和国のラテン文字アルファベットで，ウズベク語について記述することとする．

ウズベク語アルファベット

	文字		名称	音価				名称	音価
1.	A	a	a	[a]	12.	M	m	me	[m]
2.	B	b	be	[b]	13.	N	n	ne	[n]
3.	D	d	de	[d]	14.	O	o	o	[ɔ]
4.	E	e	e	[e]	15.	P	p	pe	[p]
5.	F	f	fe	[f]	16.	Q	q	qe	[q]
6.	G	g	ge	[g]~[gʲ]	17.	R	r	re	[r]
7.	H	h	he	[h]	18.	S	s	se	[s]
8.	I	i	i	[i]	19.	T	t	te	[t]
9.	J	j	je	[dʐ]	20.	U	u	u	[u]
10.	K	k	ke	[k]~[kʲ]	21.	V	v	ve	[v]~[w]
11.	L	l	le	[l]	22.	X	x	xe	[χ]

23.	Y y	ye	[j]		27.	SH sh	she	[ɕ]
24.	Z z	ze	[z]		28.	CH ch	che	[tɕ]
25.	Oʻ oʻ	oʻ	[o]		29.	(ʼ)		
26.	Gʻ gʻ	gʻe	[ʁ]					

単語の起源と発音に関する留意事項

以下，それぞれの文字と発音の関係を見てゆく．ただし，その前に了解しておかなければならない事項がある．それは，発音に関するウズベク語の語彙層が，次のような3層からなっているという点である．

1．チュルク固有語（および2, 3以外の出自の語．また，ウズベク語に順化した2, 3由来の語）
2．アラブ・ペルシア語系借用語
3．ロシア語系借用語（ロシア語綴りをそのまま借用したもの）

この3つの層は，若干のアルファベットにおいてそれぞれ読みの取扱いが異なる．例えば，以下のようである．

① 1には基本的に短母音しか存在しない．しかし，2の口語音には長母音も存在する．

  haqiqat［haqiːqat］《真実》(< ar.)

  omad［ɔːmad］　《幸運》(< pe.)

この現象はトルコ語にも見られるが，トルコ語同様，ウズベク語も正書法では長母音は厳密には表記しない．ただ，若干のトルコ語辞典には，そのような長母音を hakīkat《真実》のようにバーで表してある．しかし，ウズベク語辞書類にはまだそのような表記がされているものは見当たらないため，ウズベク語の借用語における長母音は，音声資料の観察や，トルコ語・ペルシア語辞書類から目下推測するほかない．

② 3にはアクセントがあり，通常ロシア語正書法に則って発音される．

  poyezd［pójest］《列車》(< ru.)

  vokzal［vagzál］《駅》(< ru.)

この点は，ロシア語の綴りと発音の規則を予め理解しておく必要がある．
③　子音の後の y（で母音の前のもの）は，1，2 では音節頭で発音される．3 では口蓋化子音を表している場合がある．

   daryo［darjɔː］《川》(< pe.)
   adyol［adjɔːl］《毛布》(< ru.)（綴りがウズベク語化した語）
  cf.samolyot［samaljót］《飛行機》(< ru.)
  cf.aktyor［aktjór］　《俳優》(< ru.)

このように，ウズベク語において，綴りと単語の起源は，発音をより正確に再現するためには，重要な留意事項である．
以下では，特に1，2に属する単語の発音を主に見てゆきたい．

文字と発音

母音

ウズベク標準語は，a, e, i, o, u, o' の 6 母音がある．そして，それぞれに長母音がある．

 a ［a］ 基本的な音価は，日本語の a［a］と同じ．
   ＊ウズベク標準語の a は，他の方言（チュルク語）の［ɑ］（広母音）と［æ］（~［e］）（狭母音）が合流したものである．
   daftar［daftar］ノート　　　　aka［akja］兄さん
   taalluq［taalluq］関係　　　　mazali［mazali］美味しい
  ［æ］o'rdak［ordækj］アヒル　　　bo'lak［bolækj］部分
   kerak［kerækj］必要な　　　　iborat［ibɔːræt］…から構成される
  ［aː］a'zo［aːzɔː］メンバー　　　ta'sir［taːsir］影響
   ha［haː］はい
 e ［e］ 日本語より狭いエ（［ė］）
   kech［ketɕ］晩　　　　　　　bel［bel］腰
   men［mjen］私
  ［eː］Alisher［aliːɕeːr］アリーシェール（人名）
   bemaza［beːmaza］美味しくない

		seshanba [seːɕamba] 火曜日

i [i] 基本的な音価は日本語のイと同じ．ただし，短母音では[ə]（~[i̞]）と発音される場合も多い．

   bodring [bɔdriŋ] キュウリ chiroyli [tɕirɔjli] 美しい
   doim [dɔːim] いつも   foiz [fɔːiz] パーセント

[ə] issiq [əssəq] 熱い   bir [bər] 1
  kirish [kərəɕ] 入ること sifat [səfat] 質
  zirak [zərækʲ] イヤリング oʻgʻil [oʁəl] 息子
  shirin [ɕərən] 甘い   buvi [buvə] お婆ちゃん
  doppi [dɔppə] ドッピ（民族帽）
  mayli [majlə] よろしい

[iː] xarita [χariːta] 地図   sahifa [sahiːfa] ページ
  taxminan [taχmiːnan] およそ darhaqiqat [darhaqiːqat] 実際に
  musiqa [musiːqa] 音楽

o [ɔ] [ɑ]の円唇母音で広めのオ．他の方言（~チュルク諸語）では多く a[ɑ]と対応する音である．したがって[ɑ]と聞こえる場合もある．

   ota [ɔta] 父   bobo [bɔbɔ] 祖父
   non [nɔn] ナン，パン   togʻ [tɔʁ] 山
   yogʻoch [jɔʁɔtɕ] 木

[ɔː] ウズベク語におけるアラブ・ペルシア語系借用語の o は，基本的に原語の ā[ɑː]に対応する音である．短母音で綴るが，[ɔː]（~[ɑː]）と聞こえる語が多く見られる．

   oxir [ɔːχər] 終わり   asos [asɔːs] 基礎
   Bobur [bɔːbur] バーブル（人名）
   hozir [hɔːzər] 今   sayohat [sajɔːhat] 旅行
   xodim [χɔːdəm] 職員

oʻ [o] o[ɔ]よりも口先を丸く尖らせた狭めのオ．kやgを含む語では，時に若干中舌化しウの音色の加わった[ö]に聞こえる場合もある．

*oʻ は，他の方言（〜チュルク諸語）の [ɔ]（広母音系）および [ø]〜[ɵ]（狭母音系）がウズベク語標準方言で合流したものである．

  oʻquv [oquw] 読むこと oʻzbek [ozbekʲ] ウズベク
  goʻsht [goɕt] 肉 koʻkrak [kokʲrækʲ] 胸，胸部
  koʻcha [kotɕa] 通り soʻz [soz] 単語
  toʻrt [tort] 4 yoʻq [joq] ない

[oː] moʻtabar (мўътабар) [moːtabar] 尊敬すべき
  moʻtadil (мўътадил) [moːtadil] 穏健な

u [u] 唇を強く突き出して発音するウ．
  uzoq [uzɔq] 遠い kuz [kuz] 秋
  mumkin [mumkʲin] 可能な suyuq [sujuq] 液体の
  ulugʻ [uluʁ] 偉大な

[uː] zarur [zaruːr] 必要な maxsus [maχsuːs] 特別な
  umuman [umuːman] 総じて

子音

b [b] 日本語バ行音の b と同じ．音節末では無声化（[p]）する．
  bobo [bɔbɔ] 祖父 tobora [tɔbɔːra] 徐々に
  bob [bɔp] 章

d [d] 日本語ダ行音の d と同じ．音節末では無声化（[t]）する．
  dada [dada] お父さん mudofaa [mudɔːfaa] 防衛
  umid [umit] 希望

f [f] 英語の [f] と同じ．
  fasl [fasl] 季節 ifoda [ifɔːda] 表現
  sof [sɔf] 清浄な

g [g] 日本語ガ行音の g と同じ．
  gul [gul] 花 dugona [dugɔːna] 女友達

	[gʲ]	主にaが続く際の音.無声子音の後に続く場合は,無声化([kʲ])する.
		gap [gʲap] 話　　　agar [agʲar] もし
		o'tgan [otkʲan] 過ぎた
h	[h]	日本語ハ行音（ヒ,フは除く）のhと同じ.
		havo [hawɔ:] 空気　　baho [bahɔ:] 値段
		siyoh [sijɔ:h] インク
j	[dʑ]	日本語ジャ行音のjと同じ.
		juda [dʑuda] とても　　ijara [idʑara] 賃貸
		boj [bɔdʑ] 税
k	[k]	日本語カ行音のkと同じ.
		ko'p [kop] 沢山の　　do'kon [dokɔn] 店
	[kʲ]	主にaが続く場合と,音節末で現れる.
		kalit [kʲalət] 鍵　　maktab [makʲtap] 学校
		ko'ylak [kojlækʲ] シャツ
l	[l]	英語の語頭で現れる「明るいl」(clear l)と同じ.
		laylak [lajlækʲ] コウノトリ　kuchli [kutɕli] 強い
m	[m]	日本語マ行音のmと同じ.
		markaz [markʲaz] 中心　　domla [dɔmla] 先生
		qum [qum] 砂
n	[n]	日本語ナ行音のnと同じ.
		non [nɔn] ナン,パン
ng	[ŋg]	音節頭（母音に挟まれた際）の音.
		yengil [jeŋgil] 軽い
	[ŋ]	音節末の音.
		eng [eŋ] 最も　　ming [miŋ] 千
p	[p]	日本語パ行音のpと同じ.
		pul [pul] お金　　opa [ɔpa] お姉さん
		gap [gʲap] 話

q	[q]	喉の奥の口蓋帆に舌根を当てて，息を破裂させるように出すカ．

   qor［qɔr］ 雪　　　　　　oqibat［ɔːqəbat］ 結果
   haq［haq］ 正しい

r	[r]	日本語のいわゆる「べらんめえ」言葉のラ行音．舌先を歯茎の裏につけて振るわせる音．

   rost［rɔst］ 正しい　　　　so'roq［sorɔq］ 問い
   bor［bɔr］ ある

s	[s]	日本語サ行音（ただし，シは除く）のsと同じ．

   sen［sen］ 君　　　　　　qaysi［qajsɨ］ どの
   rasm［rasm］ 絵

t	[t]	日本語タ行音（ただし，チ，ツは除く）のtと同じ．

   tutun［tutun］ 煙　　　　katta［kʲatta］ 大きい
   ot［ɔt］ 馬

v	[w]〜[v]	英語の[w]〜[v]と同じ．

   vaqt［waqt］ 時間　　　　buvi［buvə］ お婆ちゃん
   suv［suw］ 水

x	[χ]	g'[ʁ]（仰向きでうがいをする際に喉奥から出るガに似た音）の無声音．（綴り上hと混同されることも多い）

   xato［χatɔː］ 間違い　　　yaxshi［jaχɕi］ 良い
   zax［zaχ］ じめじめした

y	[j]	基本的に日本語のヤ行音のy[j]音を表す．子音の後のyは口蓋化を表さない．

   yurmoq［jurmɔq］ 歩む　　bayram［bajram］ 祝祭
   dunyo［dunʲɔː］ 世界

  ＊ロシア語系借用語の場合は，口蓋化子音を表したり，表さなかったりする．

   samolyot［samalʲot］ 飛行機
   subyekt（〜 sub'yekt）［sub jekt］ 主体（*ru*.субъект）

z [z]　英語のzに同じ．口語において語末では無声化（[s]）する場合がある．
　　　zo'r [zor]　すごい　　　　bozor [bɔzɔr]　バザール
　　　yuz [juz]~[jus]　100

g' [ʁ]　仰向きでうがいをする際に喉奥から出るガに似た音．
　　　g'arb [ʁarp]　西　　　　sog'lom [sɔʁlɔm]　健康な
　　　tog' [tɔʁ]　山

sh [ɕ]　日本語の「シャ」行音のshと同じ．
　　　shakar [ɕakjar]　砂糖　　tosh [tɔɕ]　石

ch [tɕ]　日本語「チャ」行音のchと同じ．
　　　choy [tɕɔj]　お茶　　　　pichoq [pitɕɔq]　ナイフ
　　　soch [sɔtɕ]　髪

記号

'　アポストロフィーは，キリル文字の分離記号（ъ）を置き換えたものである（アラビア語系借用語に現れ，通常アラビア文字の（ع 'ayn[ʕ]）に対応する）．
(1) 子音と次の母音を切り離す．
　　　qit'a [qətʔa]　大陸　　　　san'at [sanʔat]　芸術
　　　an'ana [anʔana]　伝統　　sun'iy [sunʔij]　人工的な
　　　in'om [inʔɔm]　贈物　　　mas'ul [masʔul]　責任を負った
(2) 口語では母音の後の位置では長母音を表す．
　　　a'lo [aːlɔː]　最優秀の　　　　fe'l [feːl]　動詞
　　　ma'lumot [maːlumɔt]　情報　ma'no [maːnɔː]　意味
　　　me'yor [meːjɔr]　標準　　　ta'lim [taːləm]　教育
　　　ta'til [taːtəl]　長期休暇　　she'r [ɕeːr]　詩
　　　shu'la [ɕuːla]　光；炎

アクセント

　アクセントは通常，単語の最終母音に置かれる．そして，接尾辞（語尾）の付加と共に後ろへ移動する．

　　　maktáb　学校 → maktablár　複数の学校 → maktablaringíz　あなた方の学校 → maktablaringizdán　あなた方の学校から

＊ただし，若干の接尾辞（語尾）や後置詞の一部，助詞等の付属性語彙の中には，アクセントをとらないものもある．

第2章 ウズベク語のつくり

語順

基本的に日本語と同じ SOV 型である．

体系

ウズベク語の言語構造は，非常にシンプルで体系的である．他のチュルク諸語同様，形態論的に見た場合，たった3種の品詞類の基盤からなる．すなわち，① 名詞類，② 動詞類，③ 不変化詞類である．名詞類とは，格語尾や所有接尾辞などが付加されるもの，動詞類とは，活用語尾や動詞人称接尾辞などが付加されるものを指す．また，それら①，② に特有な語尾や接尾辞のいずれも付加されないものが，不変化詞類である．

なお，本書内で使っている「名詞」とか「形容詞」，「副詞」といった「品詞」を指す用語は，ある語が文中でたまたま果たしている役割であったり，主な職能を端的に表現するための，便宜上の呼称である．ウズベク語では「形容詞」は「名詞」にも「副詞」にも転用され得るし，普段「副詞」として多く機能する語も，時には「形容詞」や「名詞」とみなされる場合もある．

品詞類

上述の3品詞類判別のための基準は，おおよそ以下の通りである．
① 名詞類の基準
  1．格変化，または格語尾の有無
  2．所有接尾辞の付加・有無

3．名詞類から，名詞類を派生させる接尾辞の付加・有無
　　4．名詞類から，動詞を派生させる接尾辞の付加・有無
② 動詞類の基準
　　1．単純過去形（=di）の付加・有無
　　2．条件形（=sa）の付加・有無
　　3．態や相の接尾辞の付加・有無
　　4．否定語幹形成の接尾辞（=ma=）の付加・有無
　　5．副動詞語尾（=a^2，=ib^2 等々）や形動詞語尾（=$adigan^2$，=gan^3 等々）の付加・有無（ただし，この場合，動詞は語幹のみ）
③ 不変化詞類の基準
　　1．名詞類や動詞類に付加される諸派生接尾辞や活用語尾をとらない．
　　2．付属形式に属するものは，名詞類や動詞類，不変化詞類に加される．

　本書では，上の①，②，③ に属する機能を「品詞」として，おおむね以下のように位置づける．
① ＜名詞類＞
　　名詞相当語：本名詞（実詞），補助名詞，動名詞
　　代名詞相当語：人称・指示・疑問等々の各代名詞
　　形容詞相当語：形容詞，形動詞，数詞，量詞の多く
　（名詞類付属形式）
　　ekan(lik)（e= の完了形動詞形）
② ＜動詞類＞
　　動詞相当語：本動詞，補助動詞，不完全動詞（e= のみ）
　（動詞類付属形式）
　　edi（e= の単純過去形）
③ ＜不変化詞類＞
　　副詞相当語：副詞（擬音・擬態語も含む），副動詞，挿入語
　　接続詞
　　間投詞

後置詞
（不変化詞類付属形式）
　　助詞相当語：人称助詞，助動詞，その他の文中・文末助詞

第3章 名詞類

1. 複数接尾辞と所有接尾辞

（1）複数接尾辞と（2）所有接尾辞は，名詞の語末に付されて，複数性や所有関係などを表示する接尾辞である．次に述べる格を表す接尾辞（〜格語尾）は，必要に応じてこれらの後に付加されるため，まずは，この2つを見てゆく．

(1) 複数接尾辞

ウズベク語の名詞は，単数と複数の区別をする．複数形は，単数形に複数接尾辞 +lar を付加することにより生産的に作ることができる．

複数接尾辞の付加例

ahvol	状況	— ahvol<u>lar</u>	qalam	鉛筆	— qalam<u>lar</u>
bola	子供	— bola<u>lar</u>	togʻ	山	— togʻ<u>lar</u>
koʻcha	通り	— koʻcha<u>lar</u>	oʻz	自分	— oʻz<u>lar</u>
payt	時	— payt<u>lar</u>	shahar	都市	— shahar<u>lar</u>

複数接尾辞の用法

① 数詞や，一部の形容語（koʻp《たくさんの》，bir necha《いくつかの》など）に修飾された場合，+lar は用いなくてもよい．

  toʻrt kitob　4冊の本　　　　　bir necha yil(lar)　幾年か
  koʻp odam(lar)　多くの人々

② 複数の存在を個別化して示す．

    Bular shunday qiziq kitoblar.
    これらは各々とても面白い本です．

    Imtihon natijalari qanday?
    彼の試験の各々の結果はどうですか？

    Uyimizda mehmonxona, bolalar xonasi, yotoqxona va oshxonalar bor.
    我が家には客間，子供部屋，寝室そして食堂が（1部屋ずつ）あります．

③ 人名の後に付加して，《…等の人》を表す．

    Biz yangi yilni Rustamlarnikida kutib olmoqchimiz.
    私たちは新年をルスタムらのところで迎えるつもりです．

④ 名詞ばかりでなく形容詞性の語にも付加されて，《複数の人々［物事］》を表す．

    Bizga kattaroqlari kerak.
    私たちにはその大きめのが必要です．

    Qolganlari qayerda?
    その残った人［物］たちはどこですか？

⑤ 数詞の後などに付けて概数を表す．

    Majlis soat oltilarda tugadimi?
    会議は6時頃に終わりましたか？

⑥ 敬意を表す．

    Onamning yoshlari 32 da.
    私の母の年齢は32です．（← 私の母のご年齢は32です）

    Buvimlarning yoshlari 62 da.
    私の祖母の年齢は62歳です．（← 私のおばあ様のご年齢は62歳です）

（2）所有接尾辞

  ウズベク語の名詞類には，語末に付加して《私の…》，《あなたの…》，《その…》等，所属や関係を表示する所有接尾辞という範疇がある．

  基本的には，（人称）代名詞の属格形（または属格語尾を省略したいわゆ

るφ（ゼロ）形）に呼応して，人称や数，語幹の種類によって，以下のバリエーションをもつ．

数		単数			複数 [1]		
語末		属格形	母音	子音	属格形	母音	子音
一人称		mening	+m	+im	bizning [2]	+miz	+imiz
二人称	親称 [3]	sening	+ng	+ing	senlarning（蔑称）	+ing	+ing
	敬称	sizning [2]	+ngiz	+ingiz	siz(lar)ning（親称・敬称）	+ngiz	+ingiz
三人称		uning	+si [4]	+i	ularning	+si [4]	+i

1）所有接尾辞の複数形は個々を表示する必要に応じて +lar が先行する．それぞれ +larimiz, +laring, +laringiz, +lari となる．したがって，事実上 +imiz のみが独自の形式と言える．
2）bizning《私たちの》と sizning《あなた(方)の》は，呼応する所有接尾辞が省略されることがある．
　　Bu bizning maktab.
　　これは私たちの学校です．
3）二人称親称代名詞 sen《君》の複数《君たち》は，siz《あなた；あなた方，君たち》が表す．なお，sen から規則的に作った複数形 senlar は，蔑んで《お前たち》の意を表す．（p. 30参照）
4）-iy に終わる語にも付加される．
　　Ili daryosi vodiysi　イリ河谷　　asosiysi　その基本的なことは
　　なお，本書で所有接尾辞は，時に i と表記し代表させるものとする．

所有接尾辞の付け方

① 基本的に名詞語末に上の表で示した条件に従ってそれぞれ付加する．以下，主に三人称形を例に挙げる．

　（1）母音終わりの語．

1）通常の場合.
  ikkola 2つ — ikkolasi ota 父 — otasi
  buvi 祖母 — buvisi havo 天気 — havosi

2）+si ではなく（若しくは +si 以外に）+yi（〜 +i）が付加されるもの（多くはアラブ・ペルシア語系語彙の一部）.
  avzo 表情 — avzoyi（I.avzoyim, II.avzoying ...）
  mavqe 地位 — mavqeyi（I.mavqeyim, II.mavqeying ...）
  obro' 名望 — obro'yi（I.obro'yim, II.obro'ying ...）
  parvo 介意 — parvoyi（I.parvoyim, II.parvoying ...）
  tole 運 — toleyi（I.toleyim, II.toleying ...）
  mavzu 主題 — mavzuyi / mavzusi（I.mavzuyim, II.mavzuying ...）
  orzu 願望 — orzusi（I.orzuyim, II.orzuying ...）
  xudo 神 — xudosi（I.xudoyim, II.xudoying ...）

(2) ②以外の子音終わりの語.
1）通常の場合.
  daftar ノート — daftari lug'at 辞書 — lug'ati
  qog'oz 紙 — qog'ozi soat 時計 — soati
  tog' 山 — tog'i   uy 家 — uyi

2）+i の付加により子音が重複するもの（アラビア語系語彙）.
  had 限度 — haddi his 感覚 — hissi
  qad 体 — qaddi rab 神 — rabbi

3）特殊なもの.
  dong 名声 — dong'i

② -q, -k に終わる語の場合.
(1) 2音節以上からなる語は，通常 有声音化して -g'i, -gi となる.
  qishloq 農村 — qishlog'i qoshiq スプーン — qoshig'i
  o'rtoq 友達 — o'rtog'i chiroq ランプ — chirog'i
  ko'ylak シャツ — ko'ylagi mushuk ネコ — mushugi
  og'irlik 重さ — og'irligi cho'ntak ポケット — cho'ntagi

(2) 1音節からなる語の場合，通常 有声化せず -qi, -ki のまま．

oq	白	— oqi	tok	ブドウの木	— toki
xok	埃	— xoki	yuk	荷物	— yuki
yuq	残滓	— yuqi	o'q	矢；弾丸	— o'qi

＊少数の語は有声化して -g'i, -gi となる．

| bek | 封建領主 | — begi | yoq | 側 | — yog'i |
| yo'q | ない | — yo'g'i | | | |

(3) 2音節以上からなる語の内，若干の借用語（ここではアラブ・ペルシア語系のもの）は，有声音化せず -qi, -ki のまま．

| axloq | 道徳 | — axloqi | huquq | 権利 | — huquqi |
| ishtirok | 参加 | — ishtiroki | ravnaq | 輝き | — ravnaqi |

③ 以下に見る若干の語については，多く習慣的に2音節目の母音が脱落する．

bag'ir	肝臓	— bag'ri	burun	鼻	— burni
bo'yin	首	— bo'yni	ko'ngil	心	— ko'ngli
mag'iz	果実の核	— mag'zi	qorin	腹	— qorni
og'iz	口	— og'zi	qo'yin	ふところ	— qo'yni
singil	妹	— singlisi（I.singlim, II.singling ...）			
yarim	半分	— yarmi	zahar	毒	— zahri
o'g'il	息子	— o'g'li	o'rin	場所	— o'rni
shahar	都市	— shahri			

④ 代名詞類には -nisi をとるものがある．

| u | それ | — unisi | shu | これ | — shunisi |
| o'sha | これ | — o'shanisi | qaysi | どれ | — qaysi(ni)si |

所有接尾辞の付加例

bola	子供	ko'ylak	シャツ
bolam	私の子供	ko'ylagim	私のシャツ
bolang	君の 〃	ko'llaging	君の 〃

bolangiz	あなた(方)の子供	ko'ylagingiz	あなた(方)のシャツ
bolasi	彼(女)の 〃	ko'ylagi	彼(女)の 〃
bolamiz	私たちの 〃	ko'ylagimiz	私たちの 〃
bolasi /	彼らの 〃	ko'ylagi /	彼らの 〃
bolalari		ko'ylaklari	

所有接尾辞の用法

① 〔人称代名詞属格形 + 名詞 + 所有接尾辞〕

　人称代名詞の属格形と，所有接尾辞はよく呼応して用いられる．しかし，人称代名詞の属格形は省略されても，所有接尾辞は一般に省略できない．以下，qalam《鉛筆》(単数) を例に挙げる（qalam が複数あれば qalamlar《複数の鉛筆》の後に，同じ要領で所有接尾辞が付く）．

　　mening qalam<u>im</u> ＝ qalam<u>im</u>　　　　私の鉛筆
　　sening qalam<u>ing</u> ＝ qalam<u>ing</u>　　　　君の 〃
　　sizning qalam<u>ingiz</u> ＝ qalam<u>ingiz</u>　　あなた(方)の 〃
　　uning qalam<u>i</u> ＝ qalam<u>i</u>　　　　　　彼(女)の 〃
　　bizning qalam<u>imiz</u> ＝ qalam<u>imiz</u>　　私たちの 〃
　　siz(lar)ning qalam<u>ingiz</u> ＝ qalam<u>ingiz</u>　あなた方の 〃
　　ularning qalam<u>i</u> ＝ qalam<u>i</u>　　　　　彼らの 〃

② 〔名詞 A(+所有接尾辞)(+属格) + 名詞 B + 三人称所有接尾辞〕

　2つの普通名詞が「修飾・被修飾」の関係にあることを示す．この関係は結合度が強いと，修飾する名詞の属格語尾は省略され，被修飾語末には三人称所有接尾辞だけが残る．

　　maktab<u>ning</u> oshxona<u>si</u>　→　maktab oshxona<u>si</u>
　　学校の食堂　　　　　　→　学校の食堂
　　oila<u>miz</u> a'zo<u>lari</u>　　我が家の家族（← 私たちの家庭の各構成員）
　　xona<u>ngiz</u> deraza<u>si</u>　あなたの部屋の窓
　　Vata<u>ning</u> ravnaq<u>i</u>　汝の祖国の発展
　　o'zbek tili dars<u>i</u>　　ウズベク語の授業

＊人称代名詞の属格は省略できない．

　　bizning ta'tilimiz payti　私たちの長期休暇の時期

　なお，所有接尾辞は原則として二重には付かない．ona tili《母語》→ ona tilisi《その母語》のように通用しているものは数少ない例である．

③　同格を表示する（《…という…》と解せばよい）．

　　Navoiy ko'chasi　ナヴォーイー通り

　　"Aka-uka Karamazovlar" pyesasi

　　『カラマーゾフの兄弟』という芝居

　　«Kitob» so'zi fransuz tilida qanday bo'ladi?

　　「本」という単語はフランス語ではどうなりますか？

④　所有接尾辞複数形（+lari）の表す意味．

　　主に以下の5つの意味的可能性を表す．

　(1)　1つ[人]に所属[関係]する複数のもの

　　　Uning qanday o'yinchoqlari bor?

　　　彼はどんなおもちゃを持っていますか？

　(2)　複数(人)に所属[関係]するそれぞれ[1つ1つ]のもの．

　　　U yerga ularning hammalari borishdi.

　　　そこに彼らは各々皆行きました．

　(3)　敬語を表す．

　　　Otamning yoshlari 36 da.

　　　私の父の年齢は36です．（← 私の父のご年齢は36です）

　(4)　不定の行為者を表示する．

　　　Posilkalarni qayerda qabul qilishlarini aytib yuborolmaysizmi, iltimos?

　　　小包をどこで受け付けるかを話してくれませんか，お願いです．

　(5)　時の副詞を形成する場合の複数形 → ⑦

⑤　〔属格＋名詞＋所有接尾辞＋bor《ある》/ yo'q《ない》〕

　　所有を表す構文を作る．

　　Sizning ukangiz bormi?

　　あなたには弟がいますか？

  Mening ukam yo'q.
  私には弟はいません．

⑥ 「全体の内の（その）一部」の表示．
 qaysi《どの》や，奪格支配でも所有接尾辞が現れる．
  qaysi biringiz　あなた方のうちの（どの）1人
  bu xatolardan ba'zilari　これらの間違いの若干のもの
  ulardan bittasi　それらのうちの1つ

⑦ 時の副詞の形成．
所有接尾辞の三人称形は，若干の時を表す（子音終わりの）語に付加されて，副詞を形成する．
  har kuni　毎日　　　　　　yettinchi mart kuni　3月7日に
  avvallari　以前には　　　　dushanba kunlari　毎月曜日には
  Kechqurunlari kitob o'qiyman.
  私は毎夕読書します．

2．名詞の格

 ウズベク語の名詞は，格語尾（日本語の「てにをは」に相当）という接尾辞をもち，格変化する．名詞は，その格変化によって文中で果たす役割を細かく表示する．

 ウズベク語の格語尾は，基本的に6つある．（1）主格《…は》，（2）属格《…の》，（3）与格《…へ》，（4）対格《…を》，（5）位格《…に（て）》，（6）奪格《…から》である．

（1）主格

 主格は基本的に，日本語の《…は》，《…が》に相当する格である．文の主語やトピックを表す．また，文の述部にもなる．ウズベク語に主格を表す語尾はない（複数接尾辞および所有接尾辞が付いた名詞も主格になる）．

 以下，格形式のしっかりした人称代名詞で文例を挙げる．

Qaysi biringiz vazirlikda ishlaysiz? — Men.
あなた方の内の誰が省庁で働きますか？— 私です．

Uning singlisini parkda uchratgan menman.
彼の妹に公園で会ったのは私です．

Men u biz qachon imtihon topshirishimizni aniqlashini xohlardim.
私は彼（＝先生）が，私たちがいつ受験するのかをはっきりしてほしいと思います．

なお，日本語同様，ウズベク語には英語の定冠詞（the）に相当するものがない．話し手と聞き手の間ですでに認識が共有されている物事は，指示詞や所有接尾辞なしで表現される．

Qo'llanma chet tilidan mutlaqo bilimga ega bo'lmagan hamda ozgina tushunchasi bo'lgan kitobxonlarga tavsiya etiladi.
（この）手引書は外国語に全く知識をもっていないか，少しは理解のある読者にお勧めである．

（2）属格（+ning）

属格は所属や関係を示す，日本語の《…の》に相当する格である．

+ning	全ての語の後

＊タシケント方言では ng が脱落して +ni となる．

Men ularni uydaliklarini bilaman.
私は彼らが家にいることを知っています．

属格の用法

① ウズベク語の属格は，通常 所有接尾辞と呼応する．
　　xatning mazmuni　手紙の内容
② 以下の場合には属格語尾は省略できる（所有接尾辞は省略不可）．
　(1) 属格が付加した名詞と，それに支配される名詞の結合度が強く，1つの概念を表すような場合．

o'zbek tili　ウズベク語　　　　　o'zbek tili darsi　ウズベク語の授業
＊地理名称は属格を用いない．
　　Samarqand viloyati　サマルカンド州
　　Orol dengizi　アラル海
　　Alp tog'lari　アルプス山脈
(2) 名詞と補助名詞が結合する場合．
　　uyimiz(ning)yoni　我が家の傍ら
　　shahar(ning)markazi　市の中心
(3) 一文中に並列関係にある複数の名詞がある場合，属格語尾は一番最後の名詞に付加され，前の語では省略される．
　　Bu bola Ziyoda va Nozimning o'g'li.
　　この子はズィヨダとノズィムの息子です．
(4) 命名で個人名を使う場合．
　　Navoiy muzeyi　ナヴォーイー博物館
　　Bobur ko'chasi　バーブル通り

（3）与格（+ga[3]）

与格は基本的に，方向や対象を示す，日本語の《…へ》，《…に（対して）》に相当する格である．語末の音声条件によって，以下の3つの異形態がある．

①	+ga	-k / -q / -g' 以外に終わる語の後
②	+ka	-k に終わる語の後
③	+qa	-q / -g' に終わる語の後

＊-g' に終わる語は，原則 g' を q に書き換えて qa を付ける．
　例）ona　　　　お母さん　　— onaga　　　お母さんへ
　　　uy　　　　家　　　　　— uyga　　　　家へ
　　　burchak　　かど　　　　— burchakka　 かどへ
　　　park　　　公園　　　　— parkka　　　公園へ

	uzoq	遠く	— uzoqqa	遠くへ
	sharq	東	— sharqqa	東へ
	bogʻ	果樹園	— boqqa	果樹園へ
	togʻ	山	— toqqa	山へ
例外)	bugʻ	蒸気	— bugʻga	蒸気へ

与格の用法

① 動作の方向や帰着点を表示する.

  Oʻzbekistonga boraman.

  私はウズベキスタンへ行きます.

② 対象を指定する.

  Sizga rahmat.

  あなたに感謝します.

＊連体修飾語的に《…への》,《…に対する》と解すべき場合もある.

  Mana dorilarga retsept.

  どうぞ，お薬の処方箋です.

  U bizga oʻzining janubga sayohati haqida gapirib berdi.

  彼は私たちに，自分の南への旅行について話してくれました.

③ 目的[目標]を表示する.

  Safarga bormoqchimiz.

  私たちは旅行へ行くつもりです.

  Kech soat oʻn birda uxlashga yotadi.

  彼は晩11時に寝るために横になります.

④ 価格を表示する.

  Toʻrttasini oʻn besh ming soʻmga berasizmi?

  それ4個を15000ソムで売ってくれますか？

⑤ 期間を表示する.

  Romanni Xurshid menga bir necha kunga berishini xohlardim.

  その小説をフルシドが私に数日の期限で貸してくれることを望みます.

⑥ 割合の基準[区分]を表示する.
　　kuniga ikki marta　1日に2回　　haftasiga bir marta　週に1回
＊与格に +cha（程度・様式を表す接尾辞）の付いた +gacha³ は，《…まで》
（止格，到格）を意味し，限度を表示する.
　　Samarqanddan Toshkentgacha　サマルカンドからタシケントまで
　　Harorat qirq darajagacha ko'tarildi.
　　熱は40度まで上がった.
　　shu choqqacha　この時まで

（4）対格（+ni）

対格は基本的に，日本語の《…を》に相当する格で，動詞の直接目的語を表示する.

+ni	全ての語の後

＊詩などでは三人称所有接尾辞の後で +n として現れることもある.
　　..., Kumush bulutlarning to'zg'itib parin. (*A. Oripov*, "Burgut")
　　…，白銀の雲の散らして羽毛を.

対格の用法
① 対格語尾は動詞の直接目的語を限定的に表示する.
　　Men kitobni o'qidim.
　　私はその本を読みました.
普通名詞が直接目的語となり動詞の直前にある時，対格語尾は省略される.
　　Men kitob o'qidim.
　　私は（漠然と，任意の）本を読みました.
　　Men ikkita kitob sotib oldim.
　　私は2冊の本を買いました
② 次の場合，対格語尾は省略されない.

（1）直接目的語が固有名詞の時.

　　　Akma<u>lni</u> ko'rdingizmi?

　　　あなたはアクマルを見ましたか［会いましたか］？

（2）直接目的語が代名詞類の時.

　　　Men bu<u>ni</u> qila oldim.

　　　私はこれをすることができました.

（5）位格（+da）

　位格は基本的に, 場所や時を表示する. 日本語の《…に(て)》,《…で》に相当する格である.

+da	全ての語の後

位格の用法

① 場所や所在を表示する.

　　　Kitoblar qayer<u>da</u>?

　　　本はどこにありますか？

② 状況［状態］を表示する.

　　　Xona tartibsiz ahvol<u>da</u>.

　　　部屋は散らかった状態です.

③ 時や時間的区切りを表示する.

　　　Sherzod soat yetti<u>da</u> uyg'onadi va yuvinadi.

　　　シェルゾドは7時に目覚め入浴します.

④ 手段を表示する.

　　　Bu mashqni ruchka<u>da</u> yozing.

　　　この練習問題をペンで書いて下さい.

＊位格に +<u>gi</u>（時や場所を表す若干語に付き《…の》を表す）の付いた +<u>dagi</u> は,《…にある所の》を意味する.

　　　qo'li<u>dagi</u> non　彼の手元にあるナン

dam olayotgan joydan uzoqroqdagi archazor
休憩している場所から若干遠い所にあるモミの林

（6）奪格（+dan）

奪格は基本的に，起点や比較を表す，日本語の《…から》，《…より》に相当する格である．

| +dan | 全ての語の後 |

奪格の用法
① 起点を表示する．
  Tushlik soat 12 dan boshlanadi.
  昼食は12時から始まります．
  Uning stoli eshikdan o'ngda.
  彼の机はドアから右にあります．
② 比較の対象を表示する．
  Qishda kunlar yozdagidan qisqa.
  冬には日中は夏よりも短いです．
③ 全体の一部を表示する．
  kitoblaringizdan biri　あなたの本のうちの１つ
  U ko'p narsadan xabardor.
  彼は多くの事を知っています．
  Men bunday gaplardan cho'chiydiganlardan emasman.
  私はこのような話で怖じける人間ではありません．
＊連体修飾語的に《…からの》と解すべき場合もある．
  O'zbekistonga kelishdan maqsadingiz?
  あなたのウズベキスタンへの訪問の目的は(何ですか）？
  olmoshlarning tuzilish jihatidan turlari　代名詞類の構成上の種類

④ 全体の一部に行為が及ぼされることを表示する．
　　　U uning qo'lidan ushladi.
　　　彼は彼女の手をつかみました．
⑤ 通過点を表示する．
　　　Ko'chadan o'ting.
　　　あなたは通りを渡って下さい．
⑥ 材料［素材，構成素］を表示する．
　　　Oilam besh kishidan iborat.
　　　我が家は5人家族です．
⑦ 原因・理由を表示する．
　　　Uni uchratganimdan xursand bo'ldim.
　　　彼と出会ったので私は嬉しくなりました．
　　　Qiz itlardan qo'rqadi.
　　　娘は犬を怖がります．
⑧ 数量を表示する．
　　　Yig'ilishda yuzdan ziyod kishi bor edi.
　　　会議には100人以上いるのでした．
⑨ 分配される数量を表示する．
　　　Har birimizga konsertga bittadan bilet berishdi.
　　　彼らは私たち各々にコンサートへ1枚ずつチケットをくれました．
⑩ 分数［小数］を表示する．
　　　to'rtdan uch　　4分の3　　　　0,1　［nol butun o'ndan bir］　0.1

3．代名詞

　ウズベク語の代名詞は，（1）人称代名詞，（2）再帰代名詞，（3）指示代名詞，（4）疑問代名詞，（5）総括代名詞，（6）不定代名詞，（7）否定代名詞，（8）所有代名詞のように分類される．

(1) 人称代名詞

人称代名詞の主格形

ウズベク語の人称代名詞(主格形)は次表の通りである.

● 人称代名詞の主格形

人称 \ 数		単数	複数
一人称		men	biz(lar)
二人称	親称	sen	siz(lar)
	敬称	siz	
三人称		u	ular

＊sen に複数接尾辞を付けた senlar は《お前ら》の意で,粗野な蔑みの意をもつ.

ウズベク語において人称に関わる文では,通常,人称標識(人称助詞や動詞人称接尾辞)が述部を締めくくる(三人称の非(副)動詞性述語文は除く).文中で人称代名詞は省略されても,人称標識は通常省略されない.

Men uning kechqurun kelishini aytdim.
私は彼が夕方に来ることを伝えました.

Gitara chala olasizmi?
あなたギターを弾けますか?

Sizlar shifokorsizlar.
あなた方は医者です.

U har doim band.
彼はいつも忙しいです.

Ular olovni suv bilan o'chirdilar.
彼らは各々炎を水で消しました.

Undan blank to'lg'azishni so'rashdi.
彼らは彼に空欄を埋めるよう求めました.

Ular hozir darsda.
彼らは今授業中です．

人称代名詞の格変化形

ウズベク語には，主格を含め6つの格がある．通常の名詞類の単語とは若干異なり，一～三人称の単数形で不規則な活用をする．

以下，上述の主格形毎に，一～三人称の各活用形を，それぞれ見てゆく．

●一人称代名詞の格変化形

一人称 格	私	私たち
主格（…は）	men	biz
属格（…の）	mening	bizning
与格（…へ）	menga	bizga
対格（…を）	meni	bizni
位格（…に）	menda	bizda
奪格（…から）	mendan	bizdan

U mening do'stlarimning eng yaxshisi.
彼は私の友達の中の最も良い者です．

●二人称代名詞の格変化形

二人称 格	親称	敬称	
	君	あなた(方)	あなた方
主格（…は）	sen	siz	sizlar
属格（…の）	sening	sizning	sizlarning
与格（…へ）	senga	sizga	sizlarga
対格（…を）	seni	sizni	sizlarni
位格（…に）	senda	sizda	sizlarda
奪格（…から）	sendan	sizdan	sizlardan

U seni taniydi.
彼は君を知っています.
Bu kitobni sizga kim olib keldi?
この本をあなたへ誰が持ってきましたか？

● 三人称代名詞の格変化形

格＼三人称	彼(女)／それ	彼(女)ら／それら
主格（…は）	u	ular
属格（…の）	uning	ularning
与格（…へ）	unga	ularga
対格（…を）	uni	ularni
位格（…に）	unda	ularda
奪格（…から）	undan	ulardan

Uni qayerda ko'rdingiz?
あなたは彼をどこで見ましたか？

（2）再帰代名詞

　再帰代名詞は，「行為者自身」や「物事自体」を表す代名詞である．o'z《自身；自体》に所有接尾辞を付加して作られる．

再帰代名詞の主格形

　再帰代名詞の主格形は，次の通りである．

3．代名詞

●再帰代名詞の主格形

人称＼数	単数	複数
一人称	o'zim	o'zimiz
二人称　親称	o'zing	o'zingiz
二人称　敬称	o'zingiz	
三人称	o'zi	o'zlari

＊以下，o'z に所有接尾辞が付いた上表の代表形を o'zi と表す．

再帰代名詞の格変化形

再帰代名詞への格語尾は，主格形に規則的に付加される．

●再帰代名詞の格変化形

	一人称		二人称			三人称	
	単	複	単・親	単・敬	複	単	複
主格	o'zim	o'zimiz	o'zing	o'zingiz		o'zi	o'zlari
属格	~ning	~ning	~ning	~ning		~ning	~ning
与格	~ga	~ga	~ga	~ga		~ga	~ga
対格	~ni	~ni	~ni	~ni		~ni	~ni
位格	~da	~da	~da	~da		~da	~da
奪格	~dan	~dan	~dan	~dan		~dan	~dan

再帰代名詞の用法

① 再帰代名詞は，人称代名詞と同様に用いられる．

(Men) o'zim yozdim.
私自身が書きました．

O'zingiz kavlab topib, bo'lib olasizlar.
自分たちが掘って見つけて，分け合って取りなさい．

② 〔人称代名詞＋o'zi〕は《…自身》を表す．
    Bu masalani siz o'zingiz muhokama qilasiz, deb umid qilaman.
    この問題をあなた方自身が討論するものと，私は期待します．
③ o'z が名詞の前にきて限定語として用いられた場合，本来 o'z に付加されるべき所有接尾辞や属格などは省略できる．
    o'z kitobim　　＝ o'zimning kitobim　　　私自身の本
    o'z kitobingiz　＝ o'zingizning kitobingiz　あなた自身の本
    Ertalab u, odatda, o'z idorasida bo'ladi.
    朝彼は普段自分の事務所にいます．
④ 〔属格＋o'zi〕《…それ自体》は，前の語を強調する．
    Professorning o'zi operatsiya qiladimi?
    教授自身が手術を執刀しますか？
    Ularning o'zlari ham ajablanishdi.
    彼ら自身も驚きました．

（3）指示代名詞

　指示代名詞は，近くや遠くにある物を示したり，頭に思い描いた物事などを指す代名詞である．

指示代名詞の主格形

　ウズベク語には，主に以下のような指示代名詞がある．なお，指示代名詞の単数形は，全て連体詞として名詞を修飾することもできる．

●指示代名詞の格変化形

主格	bu これ	bular これら	shu そ[こ]れ	shular そ[こ]れら	o'sha これ	o'shalar これら
属格	~ning	~ning	~ning	~ning	~ning	~ning
与格	~nga	~ga	~nga	~ga	~nga	~ga
対格	~ni	~ni	~ni	~ni	~ni	~ni
位格	~nda	~da	~nda	~da	~nda	~da
奪格	~ndan	~dan	~ndan	~dan	~ndan	~dan

1）三人称代名詞として前述した u《彼（女）》/ ular《彼（女）ら》も，指示代名詞 u《それ，あれ》/ ular《それら，あれら》として用いられる．
2）遠称は u《あれ》以外に，ana u, anavi, narigi《あれ；あの》なども用いられる．

　　Bu emas, anavi.
　　これではありません，あれです．
　　Bu kitob narigisichalik qiziqarli emas.
　　この本はあの本ほどには面白くありません．
3）指示代名詞 bu, shu, o'sha および u《それ，あれ》には，-nday / -ndoq / -naqa《…のような》，-ncha《…ほどの》という接尾辞の付いた形容詞形もある．

　　Shunday emasmi?
　　そうではありませんか？

（4）疑問代名詞

　ここで言う疑問代名詞は，いわゆる疑問詞の総称としての呼び名である．細かくはそれぞれ機能別に，名詞的なもの，形容詞的なもの，副詞的なものの3種類に分けられる．それらには，次のようなものがある．

　　kim　誰　　　　　　　　　　nima　何
　　qaysi　どの　　　　　　　　 qanday / qanaqa　どんな
　　qalay　どのように　　　　　 qancha　いくつ，どれだけ
　　necha / nechta　いくつ　　　 qayerda　どこで
　　qayerdan　どこから　　　　　qachon　いつ
　　nega / nimaga / nima uchun / nechun　なぜ

疑問代名詞の用法

① 疑問代名詞を用いた疑問文では，疑問助詞 +mi《か》はふつう用いられない（日本語の疑問助詞「か」とは異なる）．

Siz u haqda qanday fikrdasiz?
あなたはそれについてどんな意見ですか？

② kim, nima, qaysi, necha などは，格語尾や複数接尾辞，所有接尾辞が付加される．

Ularga nimani taklif qildingiz?
あなたは彼らに何を提案しましたか？

③ qanday などは，感嘆文で《何と…なことか！》の意味でも用いられる．

Qanday ajoyib havo!
何と素晴らしい天気なんだ！

Qanchalik aqlli u!
何と賢いんだ，彼は！

④ 疑問代名詞は，不特定の対象も表す．

U kim so'rasa bajonidil maslahat beradi.
彼は誰であれ尋ねれば喜んで助言を与えます．

⑤ 指示代名詞などと呼応して，関係詞節を構成する．

Nima eksang shuni o'rasan.
自ら蒔いた種は自ら刈ることとなる．（諺）

Qanday qilish lozim bo'lsa, shunday qilish kerak.
（どのようにする必要があれば，そのようにしなければならない →）
なすべきようにする必要があります．

（5）総括代名詞

　総括代名詞は，定代名詞とも言い，一定の物事を一括りにして示す代名詞である．bari《その全て》，borliq《全て（の）》，hamma《全て（の）》，barcha《一切（の）》，bor《あらゆる》，butun《完全な》などが挙げられる．そのうち，bari はすでに三人称所有接尾辞付きの形式であり，hamma と barcha は所有接尾辞を伴って，名詞的に格変化もする．その他は普通，限定語として形容詞的に用いられる．

Biz hammamiz sizni ko'rishdan xursandmiz.
私たちは皆あなたと会えて嬉しいです．
Butun uy yong'indan vayron bo'ldi.
全家屋は火事で瓦礫と化しました．

（6）不定代名詞

不定代名詞とは，不特定の対象を指示する代名詞である．ba'zi《若干の》の他，〔疑問詞+dir〕（例；kimdir《誰か》，qachondandir《いつの頃からか》）や，bir《1つの》，alla+，har(+)《毎，各》などを元にして作られる一群の代名詞を指す．以下のような語がある．

1. birov　誰か(ある人)　　　　　biror / bironta　若干数の
   bir necha　いくつかの　　　　bir nima　何か
   ba'zi bir　ある若干の　　　　har bir　各々の
2. allakim　不明のある人　　　　allaqaysi　不明のどれ
   allaqanday　何らかの　　　　　allanima　不明の何か
   allanecha / allaqancha　不明のいくつか
3. har kim　各人　　　　　　　　har nima　各物事
   har qanday　いかなる…でも，任意の
   har qaysi　個々のどれ　　　　har narsa　各物

Ba'zilarimizda savollar bor.
私たちのうちの若干名に質問があります．
Men kimningdir ruchkasini topib oldim.
私は誰かのペンを見つけました．
Sizlardan birontangizda savollar bormi?
あなた方の誰かに，質問はありますか？
Kecha majlisda har birimiz gapirdik.
昨日会議で私たちは1人1人話しました．
Men soyabonimni allaqayerda qoldiribman.
私は私の傘をどこかに置き忘れてしまいました．

Har qanday chiniqtirish ham bolani kasallikdan butunlay asray olmaydi.
いかなる鍛錬でも子供を病気から完全に守れるわけではありません．

（7）否定代名詞

　否定代名詞は，《1つも（…ない）》，《決して（…ない）》を表す．以下のように，hech《何も（…ない）》と他の語との組み合わせで作られる（強勢は常に hech に置かれる）．そして文中では必ず否定語（動詞の否定形や，emas《…ではない》，yo'q《ない》，+siz《…のない》など）を伴って用いられる．

　　　hech bir　　1つも（…ない）　　　　　hech kim 誰も（…ない）
　　　hech narsa　いかなる物[事]も（…ない）　hech nima 何も（…ない）
　　　hech qanday　いかなる…も（ない）
　　　hech qaysi いかなる人も（…ない）　　　hech qachon いつも（…ない）
　　　Biz u yerda hech kimni ko'rmadik.
　　　私たちはそこで誰も見ませんでした．
　　　Qutida hech narsa yo'q.
　　　箱には何もありません．
　　　Undan hech qanday xabar olingan emas.
　　　彼からいかなる情報も得られていません．

（8）所有代名詞

　所有代名詞は，代名詞類（人称代名詞や指示代名詞など）に所有物接尾辞 +niki《…の物[所]》が付加された，所有物を表す代名詞で，次のようなものが見られる．

　　　meniki　　私の物[所]
　　　bizniki　　私たちの物[所]；我が家
　　　seniki　　君の物[所]
　　　sizniki　　あなた（方）の物[所]；お宅
　　　uniki　　　彼（女）の物[所]
　　　ularniki　　彼らの物[所]；彼らの家（族）

kimniki 誰の物［所］
Bu kitob meniki, unisi esa sizniki.
この本は私のです．それはと言うとあなたのです．
Kecha siznikiga kim tashrif buyurdi?
昨日お宅へ誰がいらしたのですか？

4．補助名詞

　補助名詞とは，位置関係を表す名詞の一群である．これらは通常，所有接尾辞を伴った形で用いられる．その上で，文中では場合により，与格や位格，奪格などと共に用いられ，時や空間関係を表す副詞性の状況語として用いられる．前の名詞との間には，属格語尾をとったりとらなかったりする．

　　atrof《周囲》：Uy atrofida ko'p gullar bor.
　　　　　　　　　家の周りには沢山の花々があります．
　　aylana《周囲，周り》：do'kon aylanasi　店の周り
　　bo'y《縁辺》：Uy daryo bo'yida edi.
　　　　　　　　 家は川のほとりにあるのでした．
　　huzur《面前》：shifokor huzurida　医者の所に
　　ich《中》：U o'rmon ichidan yurdi.
　　　　　　　彼は森の中を歩きました．
　　old《前》：U uy oldidan o'tdi.
　　　　　　　彼は家の前を通り過ぎました．
　　ora《間，うち》：ular orasida　彼らのうちで
　　orqa《後，背後》：bulutlar orqasidan　雲の後から
　　ort《後，向こう側》：chegaraning ortida qolgan
　　　　　　　　　　　　国境の向こう側にとり残された
　　ost《下》：U daraxt ostida o'tiribdi.
　　　　　　　彼は木の下に座っています．
　　qarshi《向い》：Uyimiz qarshisida magazin bor.
　　　　　　　　　 我が家の対面には店があります．

qosh《隣，傍》：institut qoshida　研究所の傍に
ro'para《対面，向い側》：bizning uyimiz ro'parasida　我が家の向かいに
tag《下，底》：Kitobim parta tagida.
　　　　　　　私の本は机の下です．
tapa《頂；傍，たもと》：bemorning tepasida　病人の傍に
taraf《方向，方面》：hukumat qo'shinlari tarafiga　政府軍の方へ
ust《上》：Stolim ustida qiziqarli kitob bor.
　　　　　私の机の上に面白い本があります．
yon《傍ら》：uyimiz yonida joylashgan park
　　　　　　我が家の傍らに位置する公園
o'rta《間，中間》：bu ikki jamoa o'rtasidagi o'yin　この2チーム間の試合

5．形容詞

　形容詞は，名詞類に属する語の機能の1つで，物事の性質や状態，関係などを表す．（1）性質形容詞，（2）関係形容詞に大別される．基本形のまま名詞を修飾したり，文の述語になる他，副詞としても機能する．また，名詞化（主語になったり格語尾や所有接尾辞，複数接尾辞をとる）したり，名詞類から名詞類や動詞類を派生する接尾辞などと結合する．

形容詞概観
　①〜④は，yaxshi《良い》を例に挙げる．
① 名詞を修飾する（修飾される名詞は所有接尾辞をとらない）．
　　yaxshi odam　良い人
② 述語になる．
　　Bu kitob juda yaxshi.
　　この本はとても良いです．
③ 副詞になる．
　　U o'zbekchani yaxshi gapiradi.
　　彼はウズベク語を上手に話します．

④ 名詞になる．

  U mening do'stlarimning eng yaxshisi.

  彼は私の友達の中の最も良い者です．

⑤ 名詞の特徴をもとに形容詞へ転化する．

  yog'och uy（木 → "木製の" + "家"）⇒ 木造の家

（１）性質形容詞

 性質形容詞は，物事の外見や様子，性質などを表す．語根のみからなるものや，合成，動詞などからの派生によるものなどがある．

性質形容詞の種類

① 色彩に関するもの．

bug'doy rang　小麦色の	dolchin rang　肉桂色の	jigarrang　褐色の
kulrang　灰色の	ko'k　青い	moviy　空色の
ola　斑の	oq　白い	ochiq　明色の
qizil　赤い	qora　黒い	qo'ng'ir　褐色の
sariq　黄色い	sur　暗灰色の	to'q　深色の
yashil　緑の	yo'l-yo'l　縞々の	

② 空間や面積などに関するもの．

baland　高い	ingichka　細い	katta　大きい
keng　広い	kichik　小さい	ko'p　多い
mayda　細かい	oriq　痩せた	oz　少ない
past　低い	qisqa　短い	sayoz　浅い
semiz　太った	tor　狭い	uzoq　遠い
uzun　長い	yaqin　近い	yupqa　薄い
yo'g'on　太い	chuqur　深い	

③ 性質などを表すもの：

achchiq　辛い	boy　豊かな	eski　古い
kambag'al　貧しい	iliq　暖かい	issiq　熱［暑］い

og'ir	重い	qari	老いた	qattiq	硬い
quyuq	濃い	sovuq	寒い；冷たい	suyuq	流動的な
yangi	新しい	yaxshi	良い	yengil	軽い
yomon	悪い	yosh	若い	yumshoq	軟らかい
o'tkir	鋭い	shirin	甘い		

性質形容詞の級

ウズベク語の形容詞は，印欧語の屈折による級の枠組みを当てはめれば，性質形容詞を中心に，原級をもとに比較級や最上級を表すことができる．また，強調を表す強化形なども形成する．

① 比較級

《より…な》，《…めの》を意味する形式である．原級の語幹に+roq を付加して作る．

arzon	安い	—	arzonroq	より安い，安めの
baland	高い	—	balandroq	より高い
keng	広い	—	kengroq	より広い，広めの
ko'p	多い	—	ko'proq	より多い
og'ir	重い	—	og'irroq	より重い，重めの
uzoq	遠い	—	uzoqroq	より遠い，遠めの
yaxshi	良い	—	yaxshiroq	より良い

② 最上級

原級の前に副詞 eng《最も》を付加して表す．

eng katta	最も大きい	eng kichik	最も小さい
eng yaxshi	最も良い	eng yomon	最も悪い

③ 強化形

強化形とは，日本語で「真っ白」，「真っ黒」の「真っ」のような，形容詞の語勢を強める接頭語を用いる形式である．

（1）形容詞の始めの音節末に p を付加し，原級の前に置き，両者をハイフンでつなげて綴る．

katta	大きな	— kap-katta	とても大きな，どでかい
ochiq	明白な	— op-ochiq	明々白々な
qizil	赤い	— qip-qizil	真っ赤な
qora	黒い	— qop-qora	真っ黒な
tinch	静かな	— tip-tinch	全く静かな
toza	清潔な	— top-toza	実に清潔な
yangi	新しい	— yap-yangi	真っさらの
yorigʻ	明るい	— yop-yorigʻ	実に明るい

（2）形容詞の始めの音節末に m を付加し，原級の前に置き，両者をハイフンでつなげて綴る．

boʻsh	からの	— boʻm-boʻsh	すっからかんの
dumaloq	丸い	— dum-dumaloq	まん丸の
koʻk	青い	— koʻm-koʻk	真っ青な
yashil	緑色の	— yam-yashil	真緑の

（3）形容詞の始めの音節末に ppa を付加し，原級の前に置き，両者をハイフンでつなげて綴る．

oson	簡単な	— oppa-oson	お茶の子さいさいの
sogʻ	健康な	— soppa-sogʻ	実に健康な
toʻgʻri	正確な	— toʻppa-toʻgʻri	実に正確な
tuzuk	正しい	— tuppa-tuzuk	実に正しい

＊oq《白い》は，oppoq《真っ白な》という別の形をとる．

（2）関係形容詞

　関係形容詞は，名詞や動詞に形容詞を形成する接尾辞を付加することによって作られる．若干のものを除き，一般に関係形容詞は性質形容詞で見た級の体系は有さないとされる．

（イ）名詞派生の関係形容詞

① 接尾辞

   （1）+baxsh：《…を与える》

orom	安らぎ	— orombaxsh	心安らぐ
umid	希望	— umidbaxsh	前途有望な
zavq	興味	— zavqbaxsh	面白い
shifo	治癒	— shifobaxsh	病気に効く

   （2）+bop：《…に適した》

imorat	建物	— imoratbop	建築に適した
kostyum	スーツ	— kostyumbop	スーツに適した
mayiz	干しブドウ	— mayizbop	干しブドウに適した
yem-xashak	飼料	— yem-xashakbop	飼料用の

   （3）+dagi：《（…にあるところ）の》,《…における》（位格＋+gi；「位格」も参照のこと）

maktab	学校	— maktabdagi	学校の
olis	遠方	— olisdagi	遠方の
shahar	都市	— shahardagi	都市の
shahrimiz	私たちの都市	— shahrimizdagi	私たちの都市の

   （4）+day / +dek：《…くらいの》,《…のような》

igna	針	— ignaday	針ほどの
ko'ngildagi	心中にある	— ko'ngildagiday	思い通りの
paxta	綿	— paxtaday	綿のような
tikan	とげ	— tikandek	とげのような

   （5）+dor：《…を有した》,《…のある》（＝ +li）

aloqa	関係	— aloqador	関係のある
mazmun	内容	— mazmundor	内容豊かな
tajriba	経験	— tajribador	経験豊かな
unum	成果	— unumdor	生産的な

(6) +gi³ (+gi / +ki / +qi)：《…の》（主に時間や空間［場所］に関する語に付加）

bugun	今日	— bugungi	今日の
ich	内	— ichki	内部の
sirt	外	— sirtqi	外部の
yoz	夏	— yozgi	夏の

(7) +(v)iy：《…の》（一般的に，+iy は子音終わりの語に，+viy は母音終わりの語に付加）

abad	永遠	— abadiy	永遠の
an'ana	伝統	— an'anaviy	伝統的な
afsona	伝説	— afsonaviy	伝説上の
ibtido	初歩	— ibtidoiy	初歩の

(8) +li：《…を有した》,《…のある》

kuch	力	— kuchli	力のある，強い
meva	果物	— mevali	果実のある
ot	馬	— otli	馬を有した
qor	雪	— qorli	雪のある

(9) +lik：《…と関係した》;《…出身の》

Buxoro	ブハラ	— buxorolik	ブハラの
Oʻzbekiston	ウズベキスタン	— oʻzbekistonlik	ウズベキスタンの
shahar	都市	— shaharlik	都市の
chet el	外国	— chet ellik	外国の

(10) +simon：《…に似た；（まるで）…のような》

odam	人	— odamsimon	人型の，類人の
gaz	ガス	— gazsimon	ガス状の
tuxum	たまご	— tuxumsimon	卵形の
mushuk	ネコ	— mushuksimon	ネコ科の（動物）

(11) +siz：《…のない》

| ma'no | 意味 | — ma'nosiz | 無意味な |

og'riq	痛み	— og'riqsiz	痛みのない
pul	お金	— pulsiz	お金の無い；無料の
son-sanoq	数え上げること	— son-sanoqsiz	無数の

(12) +cha：《…式の》；《…語(の)》

shahar	都市	— shaharcha	都市生活者様式の
qishloq	農村	— qishloqcha	農村生活者様式の
yapon	日本人	— yaponcha	日本式の；日本語
o'zbek	ウズベク人	— o'zbekcha	ウズベク式の；ウズベク語

(13) +chan：《…の特徴をもった》

ish	仕事	— ishchan	勤労な
uyat	恥	— uyatchan	恥ずかしがり屋の
o'y	思索	— o'ychan	物思いにふけった
g'ayrat	意気込み	— g'ayratchan	意気込みに満ちた

② 接頭辞（＜Pers.）

(1) ba+：《…をもった》

davlat	財産	— badavlat	裕福な
quvvat	力	— baquvvat	力強い
g'ayrat	意気込み	— bag'ayrat	意気込みのある
savlat	威風	— basavlat	威風堂々たる

(2) be+：《…のない》

baho	値段；価値	— bebaho	極めて高価な
malol	邪魔，支障	— bemalol	自由な
maza	味；面白み	— bemaza	まずい；つまらない
saranjom	整った	— besaranjom	乱雑な

(3) kam+：《…の少ない》

daromad	収入	— kamdaromad	利益の少ない
fahm	洞察力	— kamfahm	頭の悪い
go'sht	肉	— kamgo'sht	肉の少ない
hosil	実り	— kamhosil	実りの少ない

(4) no+ :《不…》

qulay	好都合な	— n̲o̲qulay	不都合な
rozi	満足な	— n̲o̲rozi	不満な
tanish	面識のある	— n̲o̲tanish	見知らぬ
to'g'ri	正しい	— n̲o̲to'g'ri	正しくない

(5) ser+ :《…の多い》

harakat	行動	— s̲e̲r̲harakat	活動的な，動きの多い
mazmun	内容	— s̲e̲r̲mazmun	内容豊富な
suv	水	— s̲e̲r̲suv	水の多い
chiqim	出費	— s̲e̲r̲chiqim	出費の多い

(ロ) 動詞派生の関係形容詞

(1) =arli² (=arli / =rli) :《…するに値する；…するほどの》

ajablan=	驚く	— ajablan̲a̲r̲l̲i̲	驚くべき
maqta=	称賛する	— maqta̲r̲l̲i̲	称賛に値する
qiziq=	興味をもつ	— qiziq̲a̲r̲l̲i̲	興味深い
tushun=	わかる	— tushun̲a̲r̲l̲i̲	わかり易い

(2) =ag'on :《よく…する》

kul=	笑う	— kul̲a̲g̲'̲o̲n̲	よく笑う，笑い上戸の
qop=	かみつく	— qop̲a̲g̲'̲o̲n̲	咬みつき癖のある
tep=	蹴る	— tep̲a̲g̲'̲o̲n̲	蹴り癖のある
chop=	駆ける	— chop̲a̲g̲'̲o̲n̲	よく駆ける

(3) =ma :《…された》

bo'ya=	彩色する	— bo'ya̲m̲a̲	彩色された
os=	吊るす	— os̲m̲a̲	吊るされた
yasa=	作る	— yasa̲m̲a̲	手製の；人工の
o'ra=	巻く	— o'ra̲m̲a̲	巻かれた

(4) =uvchan² (=ovchan / =uvchan) :《よく…する》

qizi=	熱くなる	— qiz̲u̲v̲c̲h̲a̲n̲	熱くなりやすい；短気な

unut=	忘れる	— unutuvchan	忘れっぽい，忘れやすい
uch=	飛ぶ	— uchuvchan	揮発性の
yasha=	生きる	— yashovchan	生命力の強い
oʻzgar=	変わる	— oʻzgaruvchan	変わりやすい

(5) =gʻir⁵ (=gʻir / =gir, =qir(=qur) / =kir)：《よく…する》

kes=	切る	— keskir	鋭利な
sez=	感じる	— sezgir	敏感な
uch=	飛ぶ	— uchqur	飛ぶのが速い
oʻt=	透過する	— oʻtkir	鋭い

(6) =gʻoq² (=gʻoq / =qoq)：《よく…しやすい》

burish=	しわだらけになる	— burishqoq	しわになりやすい
toy=	つるりと滑る	— toygʻoq	滑りやすい
urish=	殴り合う	— urishqoq	けんか好きな
yopish=	張り付く	— yopishqoq	粘着性の

(7) =choq：《よく…する》

erin=	怠ける	— erinchoq	怠け者の
maqtan=	自慢する	— maqtanchoq	自慢やの
tortin=	遠慮する	— tortinchoq	恥ずかしがりやの
yalin=	懇願する	— yalinchoq	せがみやの

6．数詞

　数詞は数量を表現するための語彙類である．ウズベク語の数詞は日本語と同様に十進法で，機能上，形容詞とほぼ同じと言える．基数詞を元に，以下のような様々な数量表現を行う．

　以下では，（1）基数詞，（2）概数詞，（3）分配数詞，（4）分数詞と小数，（5）集合数詞，（6）個数詞，（7）序数詞を見てゆきたい．

（1）基数詞

　ウズベク語の基数詞は次の通りである．

●基数詞

bir	1	oʻn	10	yuz	100（百）
ikki	2	yigirma	20	ming	1 000（千）
uch	3	oʻttiz	30	oʻn ming	10 000（一万）
toʻrt	4	qirq	40	yuz ming	100 000（十万）
besh	5	ellik	50	million	1 000 000（百万）
olti	6	oltmish	60	oʻn million	10 000 000（千万）
yetti	7	yetmish	70	yuz million	100 000 000（一億）
sakkiz	8	sakson	80	milliard	1 000 000 000（十億）
toʻqqiz	9	toʻqson	90		

＊nol《0》．million は mln, milliard は mlrd と簡略表記もされる．

基数詞の用法

① 複合数詞の表し方．

日本語と同じ順序で基数詞を前から順番に並べる．

　　oʻn toʻqqiz　19　　　　　　　　bir yuz yigirma besh　125

　　bir ming toʻqqiz yuz toʻqson sakkiz　1998

　　ikki ming oʻn olti　2016

② 百分率（パーセント）の表し方．

foiz《…%（の）》を基数詞の後に置いて表す．

　　53〔ellik uch〕foiz　53%　　　　　80〔sakson〕foiz daromad　収入の80%

③ 時間の表し方．

(1) 何時何分の「時」は〔soat＋数詞〕で次のように表す．

　　soat bir　1時

　　Soat oʻn ikki boʻldi.

　　12時になりました．

(2) 「分」は〔数詞＋daqiqa / minut〕，「秒」は〔数詞＋sekund〕で表す．

　　besh daqiqa　5分　　　　　　　20 sekund　20秒

  o'n daqiqa kam uch 3時10分前

 （3）「30分」は yarim(soat)《半(時間)》,「15分」は chorak(soat)《4分の1(時間)》を用いて表すこともできる.

  (soat) o'n bir yarim 11時半

④ 基数詞をアラビア数字で綴る場合, 接尾辞の類は通常アラビア数字とは離して綴る.

  Muzey ertalabki 10 dan kechki 8 gacha ochiq.
  博物館は朝の10時から晩の8時まで開いています.

（2）概数詞

 概数詞は, 数詞の表す具体的な数量をぼかし,《…くらい》の意味を表す. 基数詞を元に, 以下のような複数の方法で表される.

① bir《1》のみにつき, 接尾辞 +or を付ける：biror《1, 2の, わずかの》

  U yerda biror kishi bormi?
  そこに誰かいますか？

② bir-ikki《1, 2》のように, 2つの基数詞をハイフン（～ダッシュ）でつなげる.

  Ko'pgina bolalar o'qishni besh-olti yoshlarida boshlashadi.
  多くの子供たちは勉強を5, 6才で始めます.
  Keyingisi qachon kelarkin, bilmaysizmi? — Yana 4-5 daqiqada kelib qolar.
  次の（バス）はいつ来るんでしょうかね, ご存知ありませんか？
  — もう4, 5分で来るでしょう.

③ +lar《…前後》や +cha《…程》を, 基数詞の後もしくは数詞の被修飾語に付加する.

  soat oltilarda 6時頃に
  91-avtobus ketganiga ancha bo'ldimi? — 10-12 daqiqacha.
  91番のバスが出てからかなり経ちますか？— 10～12分程です.

④ +lar chamasi / atrofi《…くらい》を後置する．

Ular bu yerda kech soat beshlar chamasida bo'lishdi.
彼らはここに午後5時頃くらいに来ました．
U ellik yoshlar atrofida.
彼は50歳前後です．

⑤ chog'li《…くらいの》を後置する．

o'ttiz chog'li odam　30人くらいの人
bir tonna chog'li yuk　1トンくらいの荷物

⑥ +ga³ yaqin《（…に）近い》を後置する．

U yerda ellikka yaqin odam bor.
そこには50近い人がいます．

⑦ +dan ortiq / ziyod《…以上の》を後置する．

U yerda 200 dan ziyod odam bor.
そこには200人以上の人がいます．

⑧ 10，100，1000 … の後に +lab を付加する．

o'nlab　10いくつもの；何十もの　　yuzlab　何百もの
o'n minglab xatlar　1万通あまりの手紙

⑨ 副詞（qariyb《約》, taxminan《およそ》, deyarli《ほとんど》など）を前置する．

Biz taxminan yigirma minutlar kutdik.
私たちはおよそ20分ほど待ちました．
Soat deyarli 10 bo'ldi.
時間はほぼ10時になりました．

（3）分配数詞

相互に等しい一定数のまとまりを表す表現で，《…ずつ》を意味する．単独の数詞か，同じ（または同程度の）数詞を2回繰返したものに奪格を付けて表す．

beshdan　5ずつ　　　　　　　yigirma-o'ttizdan　2，30ずつ

（4）分数詞と小数

① 分数詞は，基数詞に奪格を付加して表す．

    ikki<u>dan</u> bir $\dfrac{1}{2}$ （2分の1）

    toʻrt<u>dan</u> uch $\dfrac{3}{4}$ （4分の3）

「2分の1」，「4分の1」の意では，yarim《半分(の)》，chorak《4分の1(の)》という語も使われる．

  bir <u>yarim</u>-ikki metr 1.5〜2m
  olti ming besh yuz ＝ olti <u>yarim</u> ming 6500
  <u>chorak</u> asr 四半世紀
  Talabalarning uch<u>dan</u> ikkisi yigitlarmi?
  学生たちの3分の2は男子ですか？

整数がある場合には，基数詞の後に butun を続け，その後に分数を置く．

  $2\dfrac{9}{10}$ ikki <u>butun</u> oʻn<u>dan</u> toʻqqiz （2と10分の9）

② 小数も分数詞と同様の方式で表す（小数点は「,」を使う）．

  7,3 → $7\dfrac{3}{10}$ yetti <u>butun</u> oʻn<u>dan</u> uch
         （7と10分の3）

  0,025 → $0\dfrac{25}{1000}$ nol <u>butun</u> ming<u>dan</u> yigirma besh
         （0と1000分の25）

（5）集合数詞

集合数詞は《都合いくつ》を表す数詞である．7までしかない．

birov	1つ，1人	beshov	5つ，5人
ikkov	2つ，2人	oltov	6つ，6人
uchov	3つ，3人	yettov	7つ，7人
to'rtov	4つ，4人		

＊疑問詞には，nechov《いくつ，何人》という語がある．

Beshovimiz birgalikda.
私たち5人は一緒にいます．
Ular ikkovi bezovta ko'rinishardi.
彼ら2人は心配そうに見えるのでした．

（6）個数詞

個数詞は，基本的に基数詞の後に +ta を付けて作られる（bitta《1つ》（← bir＋ta）は例外）．

bitta ruchka　1本のペン　　　yigirma beshta talaba　25人の学生
yuzta uy　　100軒の家
Sinfda bitta kompyuter, ikkita stol va oltita stul bor.
教室には1台のコンピュータと2つの机，6つの椅子があります．

個数詞の若干の用法

① 個数詞の疑問詞には nechta《いくつ，何人》がある（同様の意味では qancha も用いられる）．また，bir nechta は《いくつかの》の意味で用いられる．

Sinfingizda nechta o'g'il bola va nechta qiz bola bor?
あなた方の教室には，何人の男の子と何人の女の子がいますか？
Devorlarda bir nechta suratlar bor.
複数の壁にはいくつかの絵があります．

② 個数詞は時間の表現では《分》を表す．

Soat oltidan o'nta o'tdi.
6時10分過ぎです．

③ 個数詞をアラビア数字で書く場合，ta を数字と離して綴る．
　　O'zbekistonda 13 ta viloyat bor.
　　ウズベキスタンには13州あります．
　　Odatda olimlarimiz 400 tadan 860 tagacha, deb taxmin qiladilar.
　　普通私たちの学者らは400個から860個までと推測している．
④ 分配個数詞は奪格で表すことができる：《…個［人］ずつの》
　　Har bir namunaga 5 tadan gap tuzing.
　　各々の例に対し5つずつ文を作りなさい．
　　Har g'ozada 15-20 tadan ko'sak bor edi.
　　各綿の木には15〜20個ずつの実があるのでした．
⑤ ［個数詞＋+cha］は，個数詞の概数を表す：《…個［人］程の》
　　U yerda yigirmatacha odamlar bor edi.
　　そこには20人程の人がいるのでした．
　　Kutubxonamiz shu yilning o'zida mingtacha kitobga boyidi.
　　私たちの図書館は今年だけで1000冊程の本が増えました．

(7) 序数詞

　序数詞は，基数詞の後に +inchi[2]（+inchi は子音終わりの数詞に，+nchi は母音終わりの数詞に付加）を付けて作られる（ただし ellik(50)は，語末の k が有声化して g になる）．

序数詞	ローマ数字	意味	yigirmanchi	XX	20番目
birinchi	I	1番目	o'ttizinchi	XXX	30番目
ikkinchi	II	2番目	qirqinchi	XL	40番目
uchinchi	III	3番目	elliginchi	L	50番目
to'rtinchi	IV	4番目	oltmishinchi	LX	60番目
beshinchi	V	5番目	yetmishinchi	LXX	70番目
oltinchi	VI	6番目	saksoninchi	LXXX	80番目

yettinchi	VII	7番目	to'qsoninchi	XC	90番目
sakkizinchi	VIII	8番目	yuzinchi	C	100番目
to'qqizinchi	IX	9番目	besh yuzinchi	D	500番目
o'ninchi	X	10番目	minginchi	M	1000番目

＊疑問詞には，nechanchi《何番目(の)》という語がある．

序数詞の用法

① 複合序数詞は，数の最終桁に +inchi^2 を付ける．

　　yigirma oltinchi　26番目　　　　　bir yuz o'n uchinchi　113番目

② ローマ数字（I，II，III...）は，序数詞の表記に用いられる．

　　VI mashq keyingi betda.

　　練習第6は次のページです．

　　Shaxsi ma'lum gaplarda kesim I va II shaxsdagi fe'llar bilan ifodalanadi.

　　その人称が明確な文では，述部は第1人称と第2人称をとった動詞と用いられます．

③ アラビア数字（1，2，3 ...）で序数詞を表記する際には，+inchi^{2}の代りに原則ハイフンを基数詞に付け，後続の語とつなぐ（複数並列する場合は，最後の数字にハイフンを付ける）．

　　4-kavatda　4階に　　　　　　12-asrgacha　12世紀まで

　　60, 81-avtobus, 5, 6, 13-tramvay bilan borishingiz mumkin.

　　あなたは60と81番のバス，5，6，13番のトラムで行くことができます．

④ 年号および日付は序数詞で表す（アラビア数字を使って書いてもハイフンは省略される場合もある）．

　（1）年号

　　1998-yil　[＝（bir）ming to'qqiz yuz to'qson sakkizinchi yil]　1998年

　　2013-yil　[＝ ikki ming o'n uchinchi yil]　2013年

　　mil. av. 250-yilda　紀元前250年に（mil. av. は miloddan avvalgi の略）

Ibn Sino milodiy 980 yilning yozida Buxoro yaqinidagi Afshona qishlog'ida tavallud topgan.

イブン・スィーナーは紀元980年の夏に，ブハラ近くのアフショナ村で誕生しました．

(2) 日付

日付（月名に先行します）は序数詞で表される．

25-yanvar　1月25日

1941 yil 27 dekabr kuni　1941年12月27日に

Bugun nechanchi chislo? — Bugun o'n ikkinchi iyul.

今日は何日ですか？　— 今日は7月12日です．

Temur 1369-yil 9-aprelda Shahrisabzda tug'ilgan.

ティムールは1369年4月9日にシャフリサブズで生まれました．

補遺：月名

月名はロシア語からの借用語を用いる．

月の名称：

1月	yanvar	7月	iyul
2月	fevral	8月	avgust
3月	mart	9月	sentabr
4月	aprel	10月	oktabr
5月	may	11月	noyabr
6月	iyun	12月	dekabr

7．量詞

　量詞とは助数詞とも言われ，「1枚の紙」，「2杯のお茶」の下線部のように，数を表す語と共に，どのような物事［形状］の数量［容量］であるかを単位として表す語である．ウズベク語の量詞も日本語のそれ同様，名詞に由来するが，個数や容量，集合を表すものは形容詞的に用い，属格や所有接尾辞を

要しない．また，回数[倍数]を表すものは副詞的に用いる．
① (1) 個数を表す語．
  bosh《(主に動物)…頭の》 :o'n bosh qo'y 15頭の羊
  burda《(パンや肉等の小片)…片の》:bir burda go'sht 1片の肉
  bo'lak《(量り分けたもの)…塊の》:bir bo'lak non 1塊のパン
  dona《…個[本]の》 :8 dona kumush qoshiq 8本の銀の匙
  nafar《…名[人]の》 :besh nafar kishi 5名の人
  parcha《(小片)…片の》 :bir parcha yer 1片の土地
  poy《(対)…方の》 :bir poy qo'lqop 片方の手袋
  qadam《…歩の》 :bir qadam nari 1歩先
  taxta《(四角い紙)…枚の》 :yetti taxta qog'oz 7枚の紙
  tup《(草木)…株の》 :6 tup g'o'za 6株の綿
  varaq《(シート)…枚の》 :bir varaq hujjat 1枚の書類
  zuvala《(生練り粉)…塊の》 :ikki zuvala xamir 2塊の生練り粉
 (2) 容量を表す語．
  arava《(荷車)…台の》 :bir arava ko'mir 荷車1台分の石炭
  etak《(エプロン)…杯の》 :uch etak paxta エプロン3杯の綿
  hovuch《(手の平)…掬いの》 :bir hovuch suv 1掬いの水
  likopcha《(小皿)…皿の》:bir likopcha qora mayiz 1皿の黒レーズン
  piyola《(茶碗)…杯[椀]の》 :bir piyola choy 茶碗1杯のお茶
  qisim → siqim
  qop《…袋の》 :10 qop bug'doy 10袋の小麦
  qozon《…鍋の》 :bir qozon mastava 1鍋のマスタヴァ
  qoshiq《…匙の》 :0,5 choy qoshiq murch 茶匙半杯のコショウ
  quti《…箱の》 :uch quti ko'k choy 3箱の緑茶
  savat《…篭の》 :bir savat non 1篭のナン
  siqim《(手の平)…掴みの》:bir siqim sabzi 1掴みの(刻み)ニンジン
  stakan《(グラス)…杯の》 :bir stakan sharbat 1杯のジュース
  tarelka《(料理)…皿の》 :uch tarelka sho'rva 3皿のスープ

tishlam《…噛み分(の)》	: bir tishlam non	1 噛み分のパン
vagon《(列車)…輌の》	: bir vagon quvur	列車1輌分のパイプ
xalta《(小袋)…袋の》	: bir xalta tosh	1袋の石
yashik《…箱の》	: besh yashik olma	5箱のリンゴ
yutum《(口に含んだ液体)…口の》	: ikki yutum aroq	2口の酒
shisha《…瓶の》	: bir shisha shampan vinosi	1瓶のシャンパン
chashka《(カップ)…杯の》	: ikki chashka kofe	2杯のコーヒー
chelak《(バケツ)…杯の》	: o'n chelak suv	バケツ10杯の水
chimdim《(3本ほどの指による)…つまみの》	: ikki chimdim osh	2つまみのピラフ

(3) 集合を表す語.

gala《(鳥や動物)…群の》	: bir gala qush	1群の鳥
guruh《…グループ[団]の》	: bir guruh yoshlar	1団の若者たち
juft《(対のもの)…組の》	: bır juft qo'lqop	1組の手袋
poda《(同種の家畜)…群の》	: bir poda echki-uloq	1群のヤギの家族
sidra《…揃いの》	: bir sidra kiyim	1揃いの衣服
to'da《(堆積)…山の；…団の》	: bir to'da ariza	ひと山の申請書
to'p《…団[群]の》	: bir to'p odam	1団の人
to'plam《…まとまりの》	: bir to'plam o'tin	1まとまりの薪
shoda《(糸の貫通物)…連の》	: bir shoda qalampir	1連のトウガラシ

② 回数[倍数]を表す語.

baravar《…倍》	: ikki-uch baravar katta	2，3倍大きい
bor《…回》	: bir necha bor	いく度か，何回か
gal《…回》	: har gal	毎回
mahal《…回》	: kuniga uch mahal	日に3回
marotaba《…回》	: ko'p marotaba	何回も
marta《…回；…倍》	: ikki marta qimmat	2倍高価だ
martaba《…回》	: yetti-sakkiz martaba	7，8回
safar《…回》	: har safar	毎回

補遺:若干の度量衡の単位と略号

上記以外に,様々な度量衡の単位名詞も量詞的に用いられる.以下,参考までにウズベク語でよく見られる単位と,その略号を挙げる.

milligramm	mg	ミリグラム	millimetr	mm	ミリメートル
gramm	g	グラム	santimetr	sm	センチメートル
kilogramm	kg	キログラム	metr	m	メートル
tonna	t	トン	kilometr	km	キロメートル
litr	l	リットル	kvadrat metr	m^2 / kv. m.	平方メートル
daraja	°/℃	度			
foiz	%	パーセント	kub metr	m^3	立方メートル

＊略号は,数字や語尾とは離して綴る:例) 5 sm ga yaqin　5 cm 近い

8. ekan(lik) と emaslik

ekan(lik)は《…であること》を,emaslik は《…でないこと》を意味する.名詞類に属する付属形式で,常に句や文の末尾で用いられる形式名詞である.

> Erkin matbuot demokratik jamiyatning ajralmas qismi ekani ma'lum.
> 自由出版は民主社会の不可分の一部であることは自明です.
> U bizdan bu haqda qanday fikrda ekanligimizni so'radi.
> 彼は私たちにこれについて私たちがどんな意見であるのかを尋ねました.
> U ro'zg'or tutmoq oson ish emasligini oila qurgandan keyin tushundi.
> 彼は生計を立てることが容易でないことを家庭をもった後理解しました.
> ＊ekan には文末で発見・伝聞を表す終助詞としての用法もある.この不変化詞類としての用法は,助詞の項目で述べる.

第4章

動詞類

動詞類と他の品詞類との関係

　名詞類と並んで，文中で重要な位地を占めるのが動詞類である．動詞は，動詞語根の意味や機能を生かしたまま，動詞類に留まる接尾辞以上に，多様な名詞類・不変化詞類相当の語を派生する．本書で扱う主なものを挙げて示すと，以下のような体系をなす．

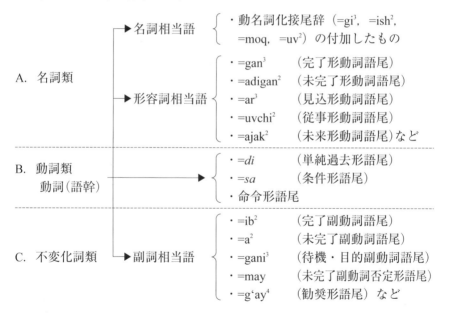

　本書では，動詞類とは，狭義にはBに属するもののみを，広義には，本来名詞形である =moq 形を動詞の不定形と認めた上で，動詞語根の意味・機能が積極的に生きている語形（特にAの形動詞語尾とCの副動詞語尾等の付加したもの）を動詞(類)と呼ぶこととする．

1. 不定形と動詞語幹

ウズベク語動詞の不定形（基本形）は，=moq で終わる形で表される（この形は本来《…すること》を意味する(動)名詞である）．したがって，動詞語幹は =moq を取り除いたものとなる．動詞語幹には，母音終わりと子音終わりのものがある．

動詞語幹の種類
ここでは以下で述べる態や否定の接尾辞等が付いていない動詞語幹について述べる．これは，次のように主に2つに分類できる．
① 語根動詞
語幹がこれ以上他の構成成分に分析できない，語根のみからなる動詞である．

  ber= 与える   de= 言う
  ich= 飲む   ket= 去る
  ol= 取る   qil= する
  qol= 残る   so'ra= 尋ねる
  top= 見つける tug'= 生む
  ye= 食べる   yuv= 洗う
  o'l= 死ぬ   o'qi= 読む

② 派生動詞
語幹が動詞を形成する接尾辞からなるため，更に他の成分に分析できる動詞である．

  birik= （← bir　1 + +ik=） 1つになる
  boyi= （← boy　豊かな + +i=） 富む
  boshqar=（← bosh　頭 + +qar=） 監督する
  kengay=（← keng　広い + +ay=） 広くなる
  o'yla= （← o'y　考え + +la=） 考える

このほか，語幹が2つの動詞の縮合によってできた動詞がある（縮合動

詞). 口語音を反映した簡略的な綴りのため，辞書にはあまり載っていないが，口語的な文体で見られる.

obor=	(← olib bor=)	持って行く
opke(1)=	(← olib kel=)	持って来る
devor=	(← deb yubor=)	さっさと言う
qaravor=	(← qarab yubor=)	さっさと見る
uzatvor=	(← uzatib yubor=)	さっさと差し出す

なお，一定の語と(語根)動詞の（慣用的な）組み合わせを，複合動詞と呼ぶ．ウズベク語は複合動詞が豊富である．

ahamiyat ber=	(← ahamiyat 意義＋ber= 与える)	重視する
davom et=	(← davom 継続＋et= する)	続く
nazar sol=	(← nazar 視線＋sol= 放つ)	視線を向ける
qaror qil=	(← qaror 決定＋qil= する)	決める
qasam ich=	(← qasam 誓い＋ich= 飲む)	誓う
reja tuz=	(← reja 計画＋tuz= 組む)	計画を立てる
sodir bo'l=	(← sodir（発行）＋bo'l= なる)	発生する

複合動詞を形成する動詞のうち，最も多用されるのは，qil= / et=《…する》で，もっぱら他動詞を作る．自動詞の形成には bo'l=《（…に）なる》がよく使われる．

2．動詞の否定形（=ma=）

動詞の否定形は，動詞の最終語幹の末尾に接尾辞 =ma=《…しない》を付けて作られる．日本語では動詞を否定形にする際「ない」が付くため活用は形容詞に転化するが，ウズベク語の場合は =ma= が付いても動詞のままであり，動詞として活用する．

動詞の否定形付加例

boshla=	始める	―	boshla<u>ma</u>=	始めない
eshit=	聞く	―	eshit<u>ma</u>=	聞かない

ishon=	信じる	— ishonma=	信じない
kes=	切る	— kesma=	切らない
og'ri=	痛む	— og'rima=	痛まない
quy=	注ぐ	— quyma=	注がない
yoz=	書く	— yozma=	書かない

なお，この否定接尾辞 =ma= は，以下で見る態の接尾辞同様，見かけは新しい動詞語幹を形成しているが，常にそれらよりも後に付加される．

　　yoz= 書く　— yozma= 書かない　— yozdirma= 書かせない
　　— yozdirilma= 書かせられない

3．態の接尾辞

　態（ヴォイス）とは，文中における特定の関与者の関わり方を表示する動詞形式である．ウズベク語の態は，能動態のほか，4種類（使動態，受動態，再帰態，相動態）が接尾辞によって区別される．能動態は《…は…する》意で，態の接尾辞はない．なお，ウズベク語の動詞は基本的に，日本語のように自動詞と他動詞を区別する．

　以下では（1）使動態，（2）受動態，（3）再帰態，（4）相動態について述べる．

（1）使動態

　使動態とは，いわゆる使役形のことである．基本的には《（他者に）…させる》の意を表す（ただし，この形式の表現域は広く，日本語では，視点や立場，文体などによっては，《…してもらう》とか，《…される》といった訳がしっくりする場合もある）．

　使動態の形成には主に，以下4種類の接尾辞が用いられる．これらの接尾辞は，自動詞・他動詞に接尾して，他動詞を形成する．

① =dir²= (=dir= / =tir=)

　　(1) =dir=：主に有声子音の後に付加される．

bil=	知る	— bildir=	知らせる
to'l=	満ちる	— to'ldir=	満たす

o'l=	死ぬ	—	o'ldir=	死なせる，殺す
bo'ysun=	従う	—	bo'ysundir=	従わせる
qon=	満足する	—	qondir=	満足させる
sin=	割れる	—	sindir=	割る
kez=	ぶらつく	—	kezdir=	ぶらつかせる
yoz=	書く	—	yozdir=	書かせる
ye=	食べる	—	yedir=	食べさせる

（2）=tir=：態の接尾辞および主に無声子音の後に付加される．

1）態の接尾辞の後．

　a）受動態（由来の）-l の後．

bukil=	おじぎする	—	bukiltir=	おじぎさせる
bural=	ねじ（ら）れる	—	buraltir=	ねじらせる
qo'zg'al=	身動きする	—	qo'zg'altir=	身動きさせる
uyal=	恥ずかしがる	—	uyaltir=	恥ずかしがらせる
yuksal=	高まる	—	yuksaltir=	高める
chayqal=	揺り動かされる	—	chayqaltir=	揺り動かさせる

　＊受動態が由来と見なしにくい -l 終わりの語幹以外では，以下の2語が =tir= をとる．

kel=	来る	—	keltir=	来させる，もたらす
yo'tal=	咳をする	—	yo'taltir=	咳をさせる

　b）再帰態（由来の）-n の後．

aylan=	回る	—	aylantir=	回す
kiyin=	着る	—	kiyintir=	着せる
quvon=	喜ぶ	—	quvontir=	喜ばせる
sevin=	喜ぶ	—	sevintir=	喜ばせる
yuvin=	入浴する	—	yuvintir=	入浴させる
o'ran=	巻く	—	o'rantir=	巻かせる

　c）相動態（由来の）-sh の後．

gaplash=	会話する	—	gaplashtir=	会話させる

ishlash=	一緒に働く	—	ishlashtir=	一緒に働かせる
tanish=	知り合う	—	tanishtir=	知り合わせる
yopish=	くっつく	—	yopishtir=	くっつかせる

２）無声子音の後.

ek=	植える	—	ektir=	植えさせる
kechik=	遅れる	—	kechiktir=	遅れさせる
art=	拭く	—	arttir=	拭かせる
eshit=	聞く	—	eshittir=	聞かせる
qop=	咬む	—	qoptir=	咬ませる
top=	得る	—	toptir=	得らせる；得られる
qiziq=	興味をもつ	—	qiziqtir=	興味をもたせる
yoq=	気に入る	—	yoqtir=	気に入らせる；好む

② =g'iz^4= (=g'iz= / =qiz= / =giz= / =kiz=)：４つの異形態は，チュルク語本来の母音調和と子音調和に従って各々付加される.

de=	言う（Trk.dä=）	—	degiz=	言わせる
ich=	飲む（Trk.ič=）	—	ichkiz=	飲ませる
kir=	入る（Trk.kir=）	—	kirgiz=	入らせる
kiy=	着る（Trk.kiy=）	—	kiygiz=	着させる
teg=	触れる（Trk.täg=）	—	tekkiz=	触れさせる
tur=	立つ（Trk.tur=）	—	turg'iz=	立たせる
to'l=	満ちる（Trk.tol=）	—	to'lg'iz=	満たす
yet=	届く（Trk.yät=）	—	yetkiz=	届かせる
yot=	横たわる（Trk.yat=）	—	yotqiz=	横たわらせる
yur=	行く（Trk.yür=）	—	yurgiz=	行かせる
yut=	飲み込む（Trk.yut=）	—	yutqiz=	飲み込ませる
o'tir=	座る（Trk.otïr=）	—	o'tirg'iz=	座らせる

＊若干 =g'az^4= (=g'az= / =qaz= / =gaz= / =kaz=) をとるものもある.

ko'r=	見る（Trk.kör=）	— ko'rgaz=	（〜 ko'rsat=）見せる
o't=	過ぎる（Trk.öt=）	— o'tkaz=	（〜 o'tkiz=）過ごす

3．態の接尾辞

```
ket=      去る（Trk.kät=）   — ketkaz=（〜 ketkiz=）去らせる
to'l=     満ちる（Trk.tol=）  — to'lg'az=（〜 to'lg'iz=）満たす
tut=      保つ（Trk.tut=）   — tutqaz=（〜 tutqiz=）保たせる
```
＊少数の語で =az= / =iz= も見られる．
```
chiq=     出る              — chiqaz=       出す
oq=       流れる            — oqiz=         流す
tom=      滴る              — tomiz=        滴らせる
```

③ =t=：主に母音（時に -y, -r など）に終わる2音節の動詞語幹に付加される．

```
ishla=       働く          — ishlat=          働かせる
to'xta=      止まる        — to'xtat=         止める
uxla=        眠る          — uxlat=           眠らせる
qayna=       沸く          — qaynat=          沸かす
so'zla=      話す          — so'zlat=         話させる
so'ra=       尋ねる        — so'rat=          尋ねさせる
o'qi=        読む；学ぶ    — o'qit=            読ませる；学ばせる，教える
o'yna=       遊ぶ          — o'ynat=          遊ばせる
o'g'irla=    盗む          — o'g'irlat=       盗ませる（〜盗まれる）
ko'kar=      青くなる      — ko'kart(ir)=     青くさせる
qisqar=      短くなる      — qisqart(ir)=     短くさせる
qichqir=     叫ぶ          — qichqirt(ir)=    叫ばせる
o'zgar=      変わる        — o'zgart(ir)=     変える
ozay=        減る          — ozayt(ir)=       減らせる
qoray=       黒くなる      — qorayt(ir)=      黒くさせる
```
＊=it= も見られる．
```
qo'rq=       恐れる        — qo'rqit=         恐れさせる
```

④ =ar= / =ir=：=ar= は少数の語で見られる．=ir= は主に -t, -sh, -ch に終わる一定の動詞語幹に付加される．

```
qayt=        帰る          — qaytar=          帰す；返す，戻す
```

chiq=	出る	—	chiqar=	出す
bit=	終わる	—	bitir=	終える
bot=	沈む	—	botir=	沈める
pish=	熟す，煮える	—	pishir=	熟させる，煮る
tush=	落ちる	—	tushir=	落とす
o'ch=	消える	—	o'chir=	消す
qoch=	逃げる	—	qochir=	逃がす
cho'k=	ひざまづく	—	cho'kir=	ひざまづかせる

このほか，使動態に対する純粋な能動態がなく，受動態や再帰態の接尾辞と入れ替えで付くような動詞も若干見られる．

qutul=	救われる	—	qutqar=	～	qutqaz=	救う
yo'qol=	無くなる	—	yo'qot=	無くす，失う		
bekin=	隠れる	—	bekit=	隠す		
o'rgan=	学ぶ	—	o'rgat=	教える		
uyg'on=	目覚める	—	uyg'ot=	目覚めさせる		

以上，これら使動態接尾辞は，歴史的・慣用的に決まったものがある一方（o'qi= 学ぶ → o'qit= 教える），他の使動態接尾辞と交替可能の場合もある（to'l= 満ちる → to'ldir= ～ to'lg'az= ～ to'lg'iz= 満たす）．また，使動態接尾辞は必要に応じて複数付加されることもある（o't= 過ぎる → o'tkaz= 過ごす → o'tkazdir= 過ごさせる）．

（2）受動態

受動態とは，いわゆる受身形である．基本的には《（他者に）…される》意を表し，動詞語幹に =il²= （またはその異音形 =in²=）を付加して作られる．多くの場合，他動詞に付加されて，自動詞を形成する．

① =il²= （=il / =l=）：母音と，-l= / -la= 語幹以外の後（つまり l が重複しないように）に付加される．

bo'ya=	彩色する	—	bo'yal=	彩色される
maqta=	褒める	—	maqtal=	褒められる

	sana=	数える	—	sanal=	数えられる
	tashi=	運ぶ	—	tashil=	運ばれる
	oʻqi=	読む	—	oʻqil=	読まれる
	ber=	与える	—	beril=	与えられる
	ishon=	信じる	—	ishonil=	信じられる
	och=	ひらく	—	ochil=	ひらかれる
	yoz=	書く	—	yozil=	書かれる

＊次の2語（1音節の母音語幹動詞）は =yil= が付加される．

	de=	言う	—	deyil=	言われる
	ye=	食べる	—	yeyil=	食べられる

② =in^2=（=in= / =n=）：通常 -l= / -la= の後に付加される．

	il=	吊るす	—	ilin=	吊るされる
	ol=	取る	—	olin=	取られる
	qil=	する	—	qilin=	される
	sol=	入れる	—	solin=	入れられる
	bogʻla=	結ぶ	—	bogʻlan=	結ばれる
	tayyorla=	準備する	—	tayyorlan=	準備される

なお，受動態接尾辞は，単に自動詞を派生させるのに使われる場合もある．

	eshit=	聞く	—	eshitil=	聞こえる
	koʻtar=	上げる	—	koʻtaril=	上がる
	qayir=	向きを変える	—	qayril=	向きが変わる；振り向く
	toʻxta=	止まる	—	toʻxtal=	止む
	yigʻ=	集める	—	yigʻil=	集まる
	shosh=	急ぐ	—	shoshil=	急ぐ

（3）再帰態

再帰態は，再帰形とも言い，《(ある動作を) 自分自身に対して行う》，《おのずと…する》の意を表す．動詞語幹に =in^2=（=in= / =n=）を付加して作ら

れる.

art=	拭く	—	artin=	自らの体を拭く
beza=	飾る	—	bezan=	身なりを飾る, めかす
kiy=	着る	—	kiyin=	自ら着る
ko'r=	見る	—	ko'rin=	おのずと見える
surka=	こする	—	surkan=	自らの体をこする
tara=	櫛でとく	—	taran=	自分の髪を櫛でとく
tort=	引っ張る	—	tortin=	遠慮する
turt=	突く	—	turtin=	自らぶつかる
ur=	叩く	—	urin=	励む
yech=	ほどく, 脱ぐ	—	yechin=	自ら脱ぐ, はだける
yuv=	洗う	—	yuvin=	自分を洗う, 入浴する
chek=	引く	—	chekin=	退く

名詞類から動詞を派生する +la=《…する》の再帰態 +lan=（自動詞）は,《…になる》（自動詞）といった意味でも使われる.

baland	高い	—	balandlan=	高くなる
kuchsiz	弱い	—	kuchsizlan=	弱る
o'tmas	良く切れない	—	o'tmaslan=	良く切れなくなる

再帰態接尾辞は, 若干の心的動作を表す語にも付加され, 再帰態の付かない対をもたない語もある（quvon=《喜ぶ》, qizg'an=《ねたむ；けちる》, sesken=《ぎょっとする》, jirkan= ～ yirgan=《嫌悪する》, sog'in=《思い焦がれる》など).

時として再帰態の $=in^2=$ は, 受動態の $=in^2=$ と区別しにくいこともある. その場合は文脈等により判断する.

bil=	知る	—	bilin=	(1) 感じられる. (2) 知られる
davola=	治療する	—	davolan=	(1) 養生する. (2) 治療される
erkala=	甘やかす	—	erkalan=	(1) 甘える. (2) 甘やかされる
saqla=	守る	—	saqlan=	(1) 自衛[自愛]する. (2) 守られる
tozala=	掃除する	—	tozalan=	(1) 身を清める. (2) 掃除される

(4) 相動態

相動態は，共動態とか相互形とも言い，基本的には《相互に［相対して］…し合う》，《皆が…する》の意を表す．動詞語幹に =ish² (=ish= / =sh=) を付加して作られる．

gapla=	話す	— gaplash=	会話する
kel=	来る	— kelish=	皆来る；同意する
kul=	笑う	— kulish=	笑い合う
ol=	取る	— olish=	取り合う，皆が取る
so'k=	罵る	— so'kish=	罵り合う
so'zla=	話す	— so'zlash=	会話する
tani=	認識する	— tanish=	知り合う
ur=	叩く	— urish=	叩き合う
uchra=	会う	— uchrash=	互いに会う

＊次の2語は =yish= が付加される．

de=	言う	— deyish=	皆が言う
ye=	食べる	— yeyish=	皆が食べる

また，名詞類から動詞を派生する +la= 《…する》の相動態 +lash= （自動詞）は，《…になる》，《…化する》（自動詞）といった意味でも使われる．

avtomat	自動	— avtomatlash=	自動化する
mashina	機械	— mashinalash=	機械化する
mos	適した	— moslash=	適応する
chigal	もつれた	— chigallash=	もつれる
yaqin	近い	— yaqinlash=	近づく

なお，相動態は基本的には複数人が行為を行うことを表すが，時に三人称では，動作主を表現しない場合にも用いられる（日本語では，受動態で言い表すと自然な場合がある）．

　　　Bu stolni po'latdan yasashdi.
　　　この机はスチール製です．（← 彼らはこの机を鋼鉄で作った）

Qayerda yaxshi taom pishirishadi?
どこ（の料理屋）が料理は美味しいですか？（← どこで彼らは良い料理を調理するのか？）

Bugun Hind filmi oʻrniga Rus filmni qoʻyishdi.
今日はインド映画の代りにロシア映画が上映されました．（← 彼らは今日インド映画の代りにロシア映画を上映した）

態の接尾辞は，必要に応じて複合的にも用いられる．
 kiyintir=（再＋使）自分で服を着させる
 soʻzlanil=（受＋受）述べられる
 gaplashish=（相＋相）皆で話し合う
 yoqtirish=（使＋相）皆が好む
 soʻzlashtir= / gaplashtir=（相＋使）会話させる
 mashinalashtiril=（相＋使＋受）機械化させられる

4．命令形

 命令形は，人称と数に応じて，下表のような接尾辞を付けて作る．命令形の表す意味は，一人称では《…しよう》，《…しましょう》などの意向や勧誘を，二人称では《…せよ》，《…して下さい》などの命令や要望を表す．また，三人称では《…するにまかせよ》，《…しますように》などの放任や祈願を表す．否定の =ma=《…しない》が付いた形も，同様に活用する．

●命令形語尾

人称 \ 数		単数	複数
一人称		=ay / =y [1]	=aylik / =ylik [2]
二人称	親称	動詞語幹に同じ [3]	=ing(lar) / =ng(lar) [5], [6]
	敬称	=ing / =ng [4]	
三人称		=sin	=sin(lar)

1）=ayin / =yin も用いられる．

2) =ayik / =yik も用いられる．
3) =gin（「5．希求形」）も参照のこと．
4) =ingiz / =ngiz も用いられる．
5) =ingizlar / =ngizlar も用いられる．
6) senlar《お前ら》には =laring が対応する．

● 命令形の活用例

yoz= 書く		yozma= 書かない	
yozay	私は書こう	yozmay	私は書かないでおこう
yoz	君は書け	yozma	君は書くな
yozing	あなたは書いて下さい	yozmang	あなたは書かないで下さい
yozsin	彼(女)は書くよう	yozmasin	彼(女)は書かないよう
yozaylik	私たちは書きましょう	yozmaylik	私たちは書かないでおこう
yozinglar	あなた方は書いて下さい	yozmanglar	あなた方は書かないで下さい
yozsinlar	彼らは書くよう	yozmasinlar	彼らは書かないよう

命令形の表す意味

① 一人称命令形

(1) 話し手の意向や勧誘などを表す：《…しよう(よ)》

Sizga nima beray?
私はあなたに何をあげようか？
Men bu dunyodan armon bilan ketmayin!
私はこの世を悔いを残して去りません！
Keling, unga imtihon topshirish uchun yana bitta imkoniyat beraylik.
さあ皆さん，彼に再試験の機会を与えましょうよ．

(2) 〔=ay² de=〕；行為者の意向［趣向］を表す（行為者は有生物・無生物を問わない）：《…しようと思う[する]》

   Kasal bo'lmay deyman.

   私は病気になるまいと思います．

   Ip uzilay deyapti.

   糸が切れようとしています．

 (3) 〔疑問詞 + =may(in/lik)〕；従属文末で，条件の如何を問わず結論〔結果〕は同じであるという内容を表す：《(いくら私(たち)が) …しようとも》

   Harqancha urinmayin, buni uddasidan chiqa olmadim.

   いくら私が頑張っても，これをうまくやり遂げられませんでした．

   Biz qayerga bormaylik shu uyimizni, ko'chamizni, shahrimizni sog'inib qaytamiz.

   我々は，どこへ行こうとも，その我々の家や通り，町を偲び帰ります．

② 二人称命令形

 (1) 聞き手に対する，話し手の命令や要望を表す：《…しなさい》，《…して下さい》

   Buncha qattiq gapirma, seni yaxshi eshitayapman.

   そんな大声で話すな，私は君の言う事が良く聞こえている．

   Uyda turing, hech qayerga chiqmang.

   あなたは家にいて下さい，どこへも行かないで下さい．

   Bolalar, jarohat olmang！

   子供たち，負傷しないで下さい！

 (2) 〔疑問詞 + =mang〕；従属文末で，条件の如何を問わず結論〔結果〕は同じであるという内容を表す：《(あなた(方)がたとえ) …であれ》

   Toshkentning qayeriga qaramang, hashamatli binolar qad rostlamoqda.

   タシケントのどこを見るにせよ，壮麗な建物が直立しています．

③ 三人称命令形

 (1) 主文末用法

  1) 文末で，話し手の三人称に対する命令や願望，放任，祈願，決議・任免事項などを表す：《…するにまかせよ》，《…するように》

Bayramingiz muborak bo'lsin!
祭日おめでとうございます！

Isrof bo'lmasin.
無駄にしないようにね．

Ular darvoza oldida to'xtamasinlar!
それらを門前に止まらせぬように！

2）〔疑問詞 + =sin〕；反語を表す：《…するものか》

U o'zini usta tikuvchi deb yuribdi ekan, hatto baxyalamoqni uddalay olmaydiku, qanday qilib tikuvchi bo'lsin.
彼女は自分を裁縫名人と吹聴しているそうですよ．縫い閉じすら上手にできないんですよ．どうして裁縫師と言えましょうか．

Saharlab o'rmonga kirib, qushlarning sayrashini tinglashga nima yetsin?
早朝に森に入って鳥たちのさえずりを聞くのに勝るものはあろうか？（勝るものはない）

3）〔=sin de=〕；三人称に対する配慮を表す：《…するようにと配慮［意図］する》

Uyida o'qisin deb men kitobni unga berdim.
自宅で読むようにと私は本を彼に与えました．

Oldinlari odamlar bolam bir ish o'rgansin deya bolalarini malaylikka berar ekanlar.
旧時人々は，我が子が仕事を学ぶようにと丁稚奉公に差し出すものであったそうです．

4）〔=gan³ bo'lmasin〕；話者の危惧の念を表す：《…したのでないと良いのだが》

U negadir o'zidan-o'zi kulmoqda, tag'in aqldan ozib qolgan bo'lmasin?
彼はなぜか一人笑いしている．再び気が狂ってしまったのでなければ良いんだが．

5）〔=gani³ bo'lsin〕（i は所有接尾辞）:《（彼は必ず）…しよう》

Qiyma qilishni sizga o'rgatganim bo'lsin.
挽き肉を作るのをあなたに必ず教えましょう．

Necha yoshga kirganingni topganim bo'lsin!
君が何歳になったか私が必ずや当てよう！

(2) 従属文末用法

1）〔疑問詞 + =masin(lar)〕；条件の如何を問わず，結論[結果]は同じであるという内容を表す：《（彼(ら))がいくら …しようとも》

Nimani ko'rmasin, nimani eshitmasin, u shu zahoti so'rar va o'sha zahoti musht yerdi.
何を見ても，何を聞いても，彼は即座に尋ね，その瞬間こぶしを食らうのでした．

Qizlar qancha urinmasinlar, arqon mo'ljalga tegmabdi.
娘たちがいくら頑張っても，綱は標的に達しなかったとさ．

2）〔… u yoqta tursin〕；際立った事例を持ち出した上で，さらに一層推し進める際に用いる：《…のみならず》，《…どころか》（主格支配の後置詞的）

Hozir shahmat o'ynash u yoqda tursin, ovqat yeyishga ham vaqt yo'q.
今はチェスをするどころか食事をする時間もありません．

Oxirgi paytlarda idoramizda ish shunchalik ko'p bo'ldiki, men do'stlarimnikiga borish u yoqda tursin, hatto ularga qo'ng'iroq ham qila olmadim.
最近私たちのオフィスでは仕事がとてもたくさんあったので，私は私の友達たちの所へ行くどころか，彼らに電話することすらできませんでした．

5．希求形（=gin）

希求形は，話し手の sen《君，あんた》に対する希望を表す．動詞語幹に =gin（〜 =gil）《…しなさいな》を付け，親しげな命令の語気を表す．

Shikastlanmagin!
怪我をしないようにね！
Borib yuvinib olgin.
行って水浴しなさいな．

6．勧奨形（=g'ay⁴）

　勧奨形は，話し手の聞き手に対する願望（勧誘や奨励）を表す．ウズベク語では古風な文体（～擬古文）で用いられ，文末で動詞語幹に =g'ay⁴（=g'ay / =qay, =gay / =kay）～ =gay《…たし》，《…されたし》を付けて表す．人称は，非過去の場合は人称助詞（名詞類・不変化詞類の）を，過去の場合は *edi* を人称活用させる．

　Kattalarga hurmat, kichiklarga izzat-ikrom ko'rgizgaysan.
　汝 目上には尊敬を，目下には敬意・尊重を示されたし．
　Qo'shin Toshkentga yetgan ba'dida bizlar tashqaridan va sizlar ichkaridan bo'lib, ulusni ko'targaymiz.
　軍隊がタシケントにたどり着いたその後，我々は外から，そしてあなた方は中から，人々を動員しようぞ．

7．単純過去形と条件形

動詞人称接尾辞

　動詞人称接尾辞は，以下で述べる単純過去形（=*di*）と条件形（=*sa*）にのみ付加され，人称を表示する接尾辞である（ここで単純過去形と条件形をイタリック体で =*di*, =*sa* と表記し代表させたのは，これらが以下の接尾辞付きのバリエーションを有することを表す．以下同じ）．

●動詞人称接尾辞

人称＼数		単数	複数
一人称		=m	=k
二人称	親称	=ng	=ngiz(lar)
	敬称	=ngiz	
三人称		ナシ	=(lar)

（1）単純過去形（=di）

ウズベク語動詞の単純過去形は，動詞語幹に〔=di＋=動詞人称接尾辞〕《(主語が)…した》を付けて表され，終止形をなす．

単純過去形に動詞人称接尾辞を付けた各人称形は次表の通りである．

●単純過去形：=di

人称＼数		単数	複数
一人称		=dim	=dik
二人称	親称	=ding	=dingiz(lar) [1]
	敬称	=dingiz	
三人称		=di	=di(lar) [2]

1) senlar《お前ら》には =dinglar が対応する．
2) 動作主の複数性は，相動態でも表される．
  oʻqidilar ＝ oʻqishdi 彼らは読んだ

=*di* の用法

① 基本的に単なる過去時制を表し，文の終止形をなす．

  U yerga men otam va akam bilan bor<u>dim</u>.
  その場所へ私は父と兄と行きました．
  Men otam va onam bilan Navro'z bayramiga bor<u>dik</u>.
  私は両親とナウルーズ祭に行きました．
  Siz u yerda biror kishini ko'r<u>dingizmi</u>?
  あなたはそこで誰かを見ましたか？
  Qizim men bilan birga bor<u>di</u>.
  私の娘は私と一緒に行きました．
  Ular ham mening fikrimga qo'shilish<u>di</u>.
  彼らも私の考えに同意しました．

② 時に確定近未来を表す．

  Oshxonaga ket<u>dik</u>, boramizmi? — Ket<u>dik</u>.
  私たちは食堂へ行きましょうか？— 行きましょう．

③ 三人称複数形の用法．

 (1) 複数接尾辞 +lar は，必要に応じて付加される．

  Mollar kecha kel<u>di</u>.
  品物は昨日来ました．
  Ular bir-birlarining orqalaridan xonadan chiq<u>dilar</u>.
  彼らは相次いで部屋から出ました．

 (2) 複数接尾辞 +lar は敬意を表すのに使われる．

  Otam menga shim va ko'ylak olib ber<u>dilar</u>.
  私の父は私にズボンとシャツを買って下さいました．

（2）条件形（=*sa*）

 ウズベク語動詞の条件形は，動詞語幹に〔=sa＋ =動詞人称接尾辞〕《…すれば》を付加することによって表される．

● 条件形：＝*sa*

人称＼数		単数	複数
一人称		=sam	=sak
二人称	親称	=sang	=sangiz(lar) 1)
	敬称	=sangiz	
三人称		=sa	=sa(lar) 2)

1) senlar《お前ら》には =salaring が対応する．
2) 動作主の複数性は，相動態でも表される．
  oʻqisalar ＝ oʻqishsa　彼らが読めば

＝*sa* の用法

条件形は，基本的には《…すれば》を意味し，条件を表示する．ただ，若干いくつか決まった組み合わせで特殊な用法も発達しているため，以下，それらを概観する．

① 〔＝*sa*〕
 (1) 条件を表す：《…すれば》
  Oʻzim bilan katta oʻgʻlimni olib bor<u>sam</u> maylimi?—Albatta.
  私は私の長男を連れて行っても良いですか？—もちろん．
  Agar ertaga bugungidek yomon havo boʻ<u>lsa</u> biz shahar tashqarisiga bormaymiz.
  もし明日今日のように天気が悪ければ，私たちは郊外へ出かけません．
 (2) 同類の事柄や共存する事柄の並列を表す：《(あるものは) …であるが (またあるものは…)》
  Ayrim sutemizuvchilar yil boʻyi bedor boʻ<u>lsa</u>, ayrimlari yilda 5-6 oylab uxlaydi.
  ある種の哺乳動物は一年中冬眠しない一方，若干のものは１年に５，６カ月間眠ります．

（3）文末で，話し手の希望を婉曲的に表す：《…すれば良いな》

   Iltimos, narxni tushir<u>sangiz</u>.
   お願いです，値段を安くして下されば良いのですが．

   Menga biroz suv olib kel<u>sangiz</u>.
   私に少し水を持って来て頂きたいです．

   Qaniydi boy bo'l<u>sam</u>.
   願わくば私が金持ちであればなあ．

② 〔=*sa*-da〕；譲歩を表す：《…する[した]としても》（→〔=*sa* ham〕）

   Garchi, bu poyabzal narigisidan yaxshiroq bo'l<u>sa-da</u>, men uni olmayman.
   仮に，この靴があちらのより良いとしても，私はそれを買いません．

③ 〔=*sa* de=〕；希望を表す：《…すれば良いなと思う》

   Yaxshi ishlab, ko'p pul top<u>sang</u> deyman.
   君はしっかり働いて，沢山お金を稼いだら良いなと私は思います．

④ 〔=*sa edi*〕／〔=*saydi*〕；反実的に，話し手の希望[願望，理想]を表す：《…であったら良かったのになあ》

   Uf, o'qishdan charchadim. Ta'til tezroq boshlan<u>sa edi</u>!
   やれやれ，勉強に疲れた．長期休暇が早く始まればなあ！

   Qaniydi biz bilan borish uchun yetarlicha katta bo'l<u>sayding</u>.
   望むらくは，私たちと一緒に行くのに君が十分大きければ良かったのになあ．

⑤ 〔=*sa* ekan〕；話し手の希望や願望[理想]を表す：《…であったら良いなあ》

   Yozda biz Parijda dam ol<u>sak ekan</u>.
   夏に私たちはパリで休暇をとれたら良いなあ．

   Kim bo'l<u>sam ekan</u>?
   私は何の職業に就いたら良いかなあ？

⑥ 〔=sa ham〕；譲歩を表す：《…する［した］としても》

    Yuz yil asal bilan boq<u>sangiz ham</u> og'zidan shirin gap chiqmaydi.
あなたが彼を100年ハチミツで養っても，彼の口から甘い言葉は出ません．

    Bu pyesa anchadan beri qo'yilayotgan bo'<u>lsa ham</u> teatr doimo liq to'la edi.
この芝居は長いこと上演されているが，劇場はいつも満員でした．

⑦ 〔=sa kerak〕；推測を表す：《…かも知れない》，《…だろう》

    Siz ham bu kutubxonadan bahralangan bo'<u>lsangiz kerak</u>?
あなたもこの図書館にお世話になったことでしょう？

    Meni chivin chaqmaydi, qonim shirin bo'<u>lmasa kerak</u>.
私を蚊は刺しません，私の血は甘くないのかもしれません．

8. *edi*

  edi は，動詞類に属する唯一の付属語である．形式的には不完全動詞（一部の活用形しか使われない動詞）e=《…である》の単純過去形で，基本的には《…であった》の意味を，人称に応じて表す．*edi* は通常アクセントはとらず，+mi が後続した際，アクセントが移る．

  edi の人称変化は，下表の通りである．

●*edi* の人称変化

人称	数	単数	複数
一人称		edim	edik
二人称	親称	eding	edingizlar
	敬称	edingiz	
三人称		edi	edilar

  ＊時に，edim は +dim, edik は +dik, eding は +ding, edingiz は +dingiz, edi は +di, edilar は +dilar という，短縮した形でも綴られる．また，母音で終わる語・接尾辞（=sa など）につなげて綴る場合，e が y に置き換わっ

た +ydi という形で綴られることもある．

edi の用法

edi は，その語構成通り過去時制《…だった》を表す．その他，以下のように断定や謙虚さなどのニュアンスを表すのに使われる．

① 過去を表す：《…だった》

  Ular qo'g'irchoq olmoqchi edilar.
  彼らは人形を買うつもりでした．
  Sumkangizda qaysi kitoblar bor edi?
  あなたのカバンには何の本がありましたか？
  O'tgan yil men tez-tez teatrga borib turar edim.
  去年私はしょっちゅう劇場へ通うものでした．

② 控え目な語気を表す：《…なんですが》

  Men sizni bezovta qilmoqchi emasdim, lekin sizning yordamingizsiz men bu yerda hech narsaga tushunmayapman.
  私はあなたにご迷惑をかけるつもりはありませんが，あなたの手助けなしでは私はここでは何も理解できません．
  Siz bu kitobni o'qib chiqishingizni xohlardim.
  私は，あなたにこの本を通読してもらいたいのですが．

③ 仮定を強調する：《(仮に) …だったとしたら》

  Agar u shu yerda bo'lganda edi, u bizga yordam bergan bo'lishi mumkin edi.
  もし仮に彼がここにいたとしたのなら，彼は私たちに手助けしてくれたかも知れなかったです．
  Qaniydi kiyimlarni kecha yuvgan bo'lsaydim.
  望むべくは私は昨日洗濯をすれば良かったなあ．

なお，edi は動詞 e= に単純過去の =di が付いた語構成をしているが，疑問助詞 +mi は，edi に後続する場合と，先行する場合がある（通常の動詞ならば =di の後にのみ付く）．

通常通り +mi が edi に後続する場合は単なる疑問を表し，+mi が先行する場合は，控え目な疑問の語気を表すものと考えられる．

1）〔edi+mi〕

Do'stlaringiz ko'p edimi?

あなたの友達は多かったですか？

Siz har kun ingliz tili darsi olardingizmi?

あなたは毎日英語の授業を受講していましたか？

2）〔+mi+di〕

Bolangiz kasal emasmidi, uning rangi siniqibdi?

あなたのお子さんは病気ではないのですか，顔色が悪いですよ．

Siz shaharning diqqatga sazovor joylarini ko'rishni xohlarmidingiz?

あなたは町の名所をご覧になりたいのでしたか？

9．動名詞

動名詞とは，「動詞的な名詞」を意味する用語である．形式的には名詞であるが，動詞(語根)の意味と機能が健在なものを指す．

本書で述べるウズベク語の動名詞は，次の3つである．

（1）=gi³（=gi / =ki / =qi）

（2）=ish²（=sh / =ish）

（3）=moq

（1）=gi³

=gi³（=gi / =ki / =qi）は，必ず所有接尾辞を伴って，《(誰々の) …したい気持ち》を表す．bor《ある》/ yo'q《ない》や，kel=《来る》を伴って用いられることが多い．

Yordam bergilari bor.

彼らは手伝いたく思っています

Mashina sotib olgisi yo'q edi.

彼は車を買う気はありませんでした．

Ovqat yeg<u>im</u> kelayapti.
私は食事をしたいです.
Kulg<u>im</u> qistaydi.
私は笑いたくてたまりません.
Majlis allaqachon tugagan boʻlsa ham hech kim joyidan jilg<u>isi</u> kelmas edi.
会議はとっくに終わっていても誰もその場を動きたくありませんでした.

（2）=ish²

=ish²（=sh / =ish）は，《…すること》を意味する，ウズベク語で最も生産的な動名詞である．基本的に母音終わりの動詞語幹には =sh が，子音終わりの動詞語幹には =ish が付加される．ただし，一音節の母音終わり語幹の動詞 de=《言う》と ye=《食べる》は，deyish《言うこと》, yeyish《食べること》となる．

なお，=ish² の否定形は =maslik《…しないこと》(見込形動詞を参照) である．

=ish² の用法

○ 〔=ish²〕：動作の意味を表す名詞となる．
　(1) 〔=ish²〕：《(一般的に) …すること》
　　Mototsikl hayda<u>sh</u> juda xavfli.
　　バイクの運転はとても危険です.
　　Palov pish<u>irish</u> uchun guruch, goʻsht va sabzi kerak.
　　ピラフを作るには米と肉，ニンジンが必要です.
　　Bu haqda unga ayti<u>sh</u>ning foydasi yoʻq.
　　これについて彼に言ってもムダです.
　(2) 〔=ish<i>i</i>²〕(<i>i</i> は所有接尾辞)：《(彼が) …すること》
　　Siz kutubxonaga bor<u>ish</u>ingizga hojat yoʻq.
　　あなたは図書館に行く必要はありません.

U ulardan oʻsha ishda qatnashish-qatnashmasliklarini soʻradi.
彼は彼らに彼らがこの仕事に加わるか加わらないかを尋ねました。

(3) 〔=ishi^2 bilan〕

1)《…することと》

Navroʻz dehqonlarning bahorda dastlabki dala ishlarini boshlashlari bilan bogʻliq marosimdir.
ナウルーズは農民たちが春に最初の野良仕事を始めるのと関係する祭式です。

2)《…することに従事して》

Men xonaga kirganimda, u maqola tarjima qilish bilan band edi.
私が部屋へ入った時、彼は記事を翻訳するのに忙しくしていました。

3)《…すること[手段]によって》

U ovoz chiqarib oʻqish bilan talaffuzini yaxshiladi.
彼は音読によって彼の発音を矯正しました。

4)《…するにつれ》

Uzoq davrlarning oʻtishi bilan oʻzgarib ketdi.
それは長い時代の経過と共に変化してゆきました。

5)《…するや[と]》《…したら》

U meni koʻrishi bilan asta oʻrnidan turib chiqib ketdi.
彼は私を見ると、ゆっくり席を立ち出て行きました。

Yomgʻir tinishi bilan hamma qoʻziqorin tergani ketdi.
雨が止むと皆はキノコを摘みに出かけました。

＊《…するや否や》と強調する場合、+oq（強調助詞）が付く場合もある。

Biz hujjatlarni Toshkentdan olishimiz bilanoq, ularni sizga yuboramiz.
私たちは書類をタシケントから入手し次第、それらをあなたに送ります。

(3) =moq

=moq は《…すること》を意味し，動詞の辞書の見出し語形でもある．単独では，頻度は落ちるも，概して =ish² と同様な使われ方をする．

=moq の用法

① 〔=moq〕《…すること》：動作の意味を表す名詞となる．

Har kim Vatanni xuddi ota-onasini sevgan kabi sev<u>mog'i</u> kerak.
なんぴとも祖国をあたかも父母を愛するかのように愛する必要がある．

Xalqning suyukli rahbariga aylan<u>moq</u> uchun yurtboshi o'z xalqini sev<u>mog'i</u>, e'zozla<u>mog'i</u>, asra<u>mog'i</u> zarur.
民衆が慕うリーダーになるためには，国家長自身が自らの民を愛し，敬い，いたわる必要がある．

Salomlash《Alaykum assalom》dan boshlanishi, unga javob esa《Va alaykum assalom》bo'<u>lmog'i</u> maqsadga muvofiqdir.
挨拶は「アッサラーム・アライクム」から始まり，それへの返事はと言うと「ワ・アライクム・アッサラーム」となるのが意図に叶う．

② 〔=moq bo'l=〕《…することにする》（＝〔=moqchi bo'l=〕）

Ikkovi maslahat qilib ovga chiq<u>moq</u> bo'ldi.
その2人は相談して狩に行くことにしました．

③ 〔=moqda〕（+da は位格）：進行を表す．

(1) 〔=moqda+人称助詞〕；現在進行を表す：《…している》,《…しつつある》

Samarqandda ham yangi turarjoylar, sport majmualari, ma'muriy binolar barpo etil<u>moqda</u>.
サマルカンドでも新しい住宅や総合スポーツ施設，行政機関が建設されています．

Prezident nutq so'zla<u>moqda</u>.
大統領は演説を行っています．

Men uloqning tezroq boshlanishini kutmoqdamiz.
私は皆とブズカシが早く開始されるのを待っています.

(2) 〔=moqda e*di*〕；過去進行を表す：《…していた》，《…しつつあった》

U yerda bir kishi quduq qazimoqda edi.
そこで1人の人が井戸を掘っていたのでした.

Egizaklar bo'ylashmoqda edilar.
双子は背比べをしていました.

(3) 〔=moqda ekan+人称助詞〕；進行の発見・伝聞を表す：《…していたのだ(そうだ)》

Cho'chqalar esa hozirgacha Naf-Nafning uyida ahil-inoq yashab kelishmoqda ekan.
仔豚たちはというと今に至るまでナフナフの家で仲良く暮らしているのだとさ.

④ 〔=moqchi〕(+chi は行為者[関係者]を表す接尾辞)《…するつもりである(者)》

(1) 文末述語として《…するつもりである》を表す.

Men non sotib olmoqchiman.
私はナンを買うつもりです.

Men bu maslahatlarga amal qilmoqchi emasman.
私はこれらの助言に従うつもりではありません

Bundan keyin yana biror joyga bormoqchimisiz?
この後，あなたはまたどこかへ行くつもりですか？

U bu oqshom televizor tomosha qilmoqchi.
彼は今晩テレビを見るつもりです.

Ular mendan men qayerga ketmoqchi ekanligimni so'rashdi.
彼らは私に，私がどこへ行くつもりであるかを尋ねました.

U oldin shu institutga kirmoqchi edi.
彼は前はその大学へ入るつもりでした

(2) 〔=moqchi bo'l=〕；行為者の意向や希望，欲求の発生などを表す：《…

することにする》,《…したくなる》(=〔=moq bo'l=〕)

Bu qilmoqchi bo'lgan ishingizning hammasimi?
これはあなたがするつもりだった仕事の全てですか？

Telefon jiringlaganda, Akbar o'zining odatiy xizmat burchini yakunlab, uyga ketmoqchi bo'lib turgandi.
電話が鳴った時，アクバルは自分の普段の職務を終え帰宅しようとしていたのでした．

Avvaliga biz samolyot bilan uchmoqchi bo'ldik, biroq keyinchalik fikrimiz o'zgardi va biz poyezdda ketishga qaror qildik.
最初私たちは飛行機で飛ぶつもりでした．しかし後で私たちの考えは変わり，私たちは列車で行くことに決めました．

10. 形動詞

　形動詞とは，「動詞的な形容詞」を意味する用語で，日本語動詞の連体形に相当する．動詞と形容詞の両方の機能を兼ね備え，動詞本来の機能はその語幹部までが担い，以下に述べる形動詞語尾の付いた形自体は形容詞相当語（すなわち名詞類）である．本書で述べる形動詞は，次の6つである．

　　（1）=gan^3（=gan / =kan / =qan）：完了形動詞
　　（2）=adigan^2（=adigan / =ydigan）：未完了形動詞
　　（3）=ar^2（=ar / =r）：見込形動詞（否定形；=mas）
　　（4）=uvchi^2（=ovchi / =uvchi）：従事形動詞
　　（5）=ajak^2（=ajak / =yajak）：未来形動詞
　　（6）=mish：発見・完了形動詞

(1) 完了形動詞（=gan^3）

　完了形動詞 =gan^3（=gan / =kan / =qan）は，完了（「…してしまう」）の意味をもった動詞由来の形容詞（「…した（状態にある）」）である．形動詞中，最も多彩な使われ方をする．音形の3つのバリエーションは，通常以下の条件に従って付加される．

①	=gan	-g / -k, -gʻ / -q 以外に終わる動詞語幹の後
②	=kan	(1) -g に終わる動詞語幹の後 (2) -k に終わる動詞語幹の後
③	=qan	(1) -q に終わる動詞語幹の後 (2) -gʻ に終わる動詞語幹の後

=gan³ の付加例

① =gan の付加例

  oʻqi= 読む → oʻqi<u>gan</u> 読んだ

  yoz= 書く → yoz<u>gan</u> 書いた

  oʻt= 過ぎる → oʻt<u>gan</u> 過ぎた

② =kan の付加例

 (1) -g に終わる動詞語幹の後

  eg= 曲げる → ek<u>kan</u> 曲げた

  teg= 触れる → tek<u>kan</u> 触れた

  tug= 包む → tuk<u>kan</u> 包んだ

 (2) -k に終わる動詞語幹の後

  birik= まとまる → birik<u>kan</u> まとまった

  ek= 蒔く → ek<u>kan</u> 蒔いた

  toʻk= 注ぐ → toʻk<u>kan</u> 注いだ

③ =qan の付加例

 (1) -q に終わる動詞語幹の後

  oq= 流れる → oq<u>qan</u> 流れた

  qoʻrq= 恐れる → qoʻrq<u>qan</u> 恐れた

  chiq= 出る → chiq<u>qan</u> 出た

 (2) -gʻ に終わる動詞語幹の後

  ogʻ= 傾く → oq<u>qan</u> 傾いた

  tugʻ= 生む → tuq<u>qan</u> 生んだ

  yogʻ= 降る → yoq<u>qan</u> 降った

（イ）＝gan³ の限定修飾用法

完了形動詞 =gan³ の限定修飾用法が表す意味は，日本語動詞の過去連体形《…した…》に相当する．

o'qigan kitob　読んだ本

aytmagan so'z　言わなかった言葉

Men sizga bergan qolgan kitoblar qayerda?
私があなたに与えた残りの本はどこにありますか？

なお，=gan³ が動詞（tur=《(立って)…している》，yot=《(横たわって)…している》，yur=《(動いて)…している》，o'tir=《(座って)…している》）に付加された場合，=gan³ における完了の意味は薄まり，概して《…しているところの…》意を表す．

Stol ustida turgan kitoblar kutubxonaga bugun qaytarilishi kerak.
机の上にある本は図書館に今日返却される必要があります．

Stol ustida yotgan kitob meniki.
机の上に横たわっている本は私のです．

Toshkent ko'chalarida yurgan qaysi mashina O'zbekistonda chiqadi?
タシケント市街で走っているどの車がウズベキスタン製ですか？

U yerda o'tirgan kim?
そこに座っているのは誰ですか？

なかんずく yot= は，=(a)yotgan（a は未完了副動詞．時に =(a)yapgan（出版物では希）とも）として，現在進行を表す一種の形動詞としても使われる．

Men hozir o'qiyotgan kitob unchalik qiziqarli emas ekan.
私が今読んでいる本はそれほど面白くはありません．

U nonushta qilayotganida men gazeta o'qiyotgan edim.
彼が朝食をとっている時，私は新聞を読んでいました．

（ロ）＝gan³ の文末述語用法

① 〔=gan³+人称助詞〕：《(かつて)…した(ことがある)[している]》

文末述語としての完了形動詞の用法は，基本的には《…した》を表す．

よく似た意味では，すでに単純過去形 =di《…した》について言及したが，=di が単なる過去時制を表すのに対し，そもそも完了の形容詞である =gan³ は，様態を表現するのみで，時制は表さない．すでに行われた行為の存続や，その行為の現在に至るまでの有効性や経験などを表す．

  Yoshligimda men qishloqda yashaganman.
  私は幼少期農村で暮らしていました．
  Siz yana qanaqa kinolarni ko'rgansiz?
  あなたは他にどんな映画を見たことがありますか？
  Qishloq juda chiroyli joyda joylashgan.
  村はとても美しい場所に位置しています．
  Uning ismi butun dunyoga tanilgan.
  彼の名は全世界に知られています．

文末における =gan³ の否定は3種類見られる．いずれも《…したことがない》という過去の経験を否定するが，若干ニュアンスが異なる（(2)～(3) は厳密には名詞的用法と言える．形動詞のうち，(3) のように否定で yo'q を使うのは完了形動詞のみである．他の形動詞は（1）や（2）の方式で否定を表す）．

（1）〔=magan+人称助詞〕
  yozmaganman　私は書かなかった（行為発生の否定）
  Men u yerda hech qachon bo'lmaganman.
  私はそこに一切行ったことはありません．

（2）〔=gan³ emas+人称助詞〕
  yozgan emasman　私は（決して）書いてなどいない（断言的否定）
  Sendek tanbal jonivorni umrimda ko'rgan emasman.
  お前のような怠惰な生き物を生涯で私は見たこともありません．

（3）〔=gan³+所有接尾辞+yo'q〕
  yozganim yo'q　私は書いたことがない（一般的な経験の否定）

Men u kitobni hech qachon oʻqi<u>gan</u>im yoʻq.

私はその本を一切読んだことがありません.

② 〔=gan³ e*di*〕；断定を表す：《…した(ことがある)のだ》

Men institutga 12 yarimda keldim, lekin maʼruzalar tuga<u>gan edi</u> va auditoriyada hech kim qolma<u>gan edi</u>.

私は大学に12時半に来ました．しかし講義は終わっていて，講堂には誰もいませんでした．

(ハ) =gan³ の名詞的用法

完了形動詞 =gan³ は名詞類に属するため，格語尾や名詞形成接尾辞，副詞形成接尾辞などが付加され，構文上様々な機能を果たす．以下ではその用法について概観する.

① 〔=gan³〕：動作の完了の意味をもった名詞となる．

(1) 〔=gan³〕：《…したこと，…すること》

Uning singlisini parkda uchrat<u>gan</u> menman.

彼の妹に公園で会ったのは私です．

(2) 〔=gan*i*〕（*i* は所有接尾辞)：《(彼が) …したこと，…すること》

Kel<u>gan</u>ingiz yaxshi boʻldi.

あなたが来てくれて良かったです．

Unga bir nima boʻl<u>gan</u>ini darrov angladim.

私は彼に何か起こったことをすぐに理解しました．

(3) 〔=gan*i*³ bilan〕；譲歩を表す：《…したにもかかわらず》，《…だけれども》：

Men uning uyiga tez-tez bor<u>gan</u>im bilan bu yaqinlik belgisi emas edi.

私は彼の家に頻繁に行くけれども，これは親密さのしるしではありませんでした．

Malika tinmay ishla<u>gan</u>i bilan unumi yoʻq edi.

マリカは休まず働きましたが成果はありませんでした．

(4)〔=gan*i*³ bo'lsin〕；確信未来を表す：《(彼は必ず)…しよう》

Alibek domla taklif etsalar, bor<u>gan</u>im bo'lsin.

アリベク先生がご招待くださるなら，私は必ず行きます．

Hukumat farzandimizni Amerikada o'qitsa, yubor<u>gan</u>imiz bo'lsin.

政府が私たちの子供をアメリカで学ばせるなら，私たちは必ず送ります．

(5)〔V=gan*i*³ V=gan〕（Vは動詞語幹）

1) 常の習慣を表す：《(彼は必ず[決まって])…する》

Ruslar doimo ichish<u>gan</u>i ichish<u>gan</u>.

ロシア人はいつも酒を酌み交わしてばかりです．

2) 確信未来を表す：《(彼は必ず)…する》

Ayt<u>gan</u>im ayt<u>gan</u>. De<u>gan</u>im de<u>gan</u>!

私は必ず自分が言った通りに実行します！

② 〔=ganlar³〕（+larは複数接尾辞）：《…した複数の人[物]》

Bu daraxtning mevasini shu yerdan o't<u>gan</u>lar yeydi.

その木の実をその場所を通行する者が食べます．

Ayt<u>gan</u>laringizning ko'pi to'g'ri.

あなたが言った事の多くは正しいです．

③ 〔=ganlik³〕（+likは名詞化接尾辞）：《…したこと》

Bu sohada boshqa kitoblar bo'lma<u>gan</u>ligi uchun shu kitobni oldim.

この分野で他の本がなかったのでその本を取りました．

Kasal bo'l<u>gan</u>ligimni onam bilmaydi.

私が病気になったことを母は知りません．

④ 〔=gan(*i*)da³〕（+daは位格）

(1)《…する際》，《…した時》：主文の時制に関係なく単に完了を表し，置かれた状況や，2つの動作の遭遇点を表す．

Onasi olamdan o't<u>gan</u>ida, u uch yashar bola edi.

彼の母親がこの世を去った時，彼は3歳でした．

Men musiqa tinglaganimda rohatlanaman.
私は音楽を聴くとリラックスします.
U nonushta qilganida men gazeta o'qiyman.
彼が朝食をする時，私は新聞を読みます.

(2)《…すれば》：条件を表す.
U shu yerda bo'lganida, bizga yordam berishi mumkin edi.
彼がここにいたならば，私たちに支援をくれる可能性がありました.

⑤ 〔=gan(i)da³ edi〕

(1)《…すれば》：仮定条件を表す.
Agar kecha uni ko'rganimda edi, men undan bu haqda so'ragan bo'lardim.
仮に昨日彼と私が会ったならば，私は彼にこれについて尋ねるところでした.

(2)《…すれば良かったのになあ》：反実的に話者の希望［願望，理想］を表す.
Agar menga bu haqda aytganingizda edi!
もし私にこれについてあなたが言ってくれたなら良かったのになあ！
Men buni ilgari bilganimda edi!
私がこれを前もって知っていたら良かったのになあ！

⑥ 〔=gan(i)ga³〕（+ga は与格）

(1)《…したので》：原因・理由を示す.
Bizning uyimizda turganingga do'sting xafa bo'ldimi?
君が私たちの家にいることに，君の友達は不機嫌になりましたか？
Ekkan daraxtimning mevasini hoziroq olganimga kulyapman.
植えた木の実を今収穫したことに私は笑っています.

(2)《…して以来》
Bu kitobni o'qiganimga ko'p yil bo'ldi.
私がこの本を読んで以来，長い年月が経ちました.
U birinchi mayda o'sha zavodda ishlayotganiga yigirma yil bo'lishini aytdi.
彼は5月1日にこの工場で働いて以来20年となることを語りました.

⑦ 〔=gan(i)dan³〕(+dan は奪格); 原因を表す:《…したことから》
Vaqt bemahal bo'lib qolganidan o'sha yerda tunab qoladigan bo'ldik.
時間が遅くなったので，私たちはここで夜を明かすことになりました．
Jahli chiqqanidan bo'ri yorilib ketayozibdi.
怒りがこみ上げ，オオカミは爆発せんばかりだったとさ．

⑧ 〔=gan(i)cha³〕(+cha は程度・方式接尾辞)
(1) 継続を表す:《…したまま[なり]》,《…した状態で》
Musiqa tinglaganimcha dam oldim.
音楽を聴きながら私は休憩しました．
(2) 限界を表す:《…するまで》
Men ishimni tugatganimcha shu yerda bo'laman.
私は私の仕事を終えるまでここにいます．
(3) 選択を表す:《…するよりも》
Buncha karillagancha avval bir ish qiling, ko'raylik!
こんなに得意がっているより，まずは1つ事を成して下さい，お手並み拝見しましょう！
(4) 程度を表す:《…するくらいに》
Chunki nomlarning boy materiallari hali to'liq va mukammal to'planganicha yo'q.
なぜなら人名の豊かな資料はまだ十分で完全に集められた程度にはありません．

(二) =gan³ の副詞的用法
① 〔=gan³ bo'l=〕
(1) 《…した状態になる》,《…することになる》
Xafa qilgan bo'lsam, kechiring!
私があなたの気分を害したなら，ご容赦下さい！

Makka ahlining Badr jangidagi ahvolini ko'rsangiz edi, bu savolni berma-gan bo'lardingiz.
マッカ住民のバドルの戦いにおける状況をあなたがもし仮に見たのなら，この質問をすることはなかったでしょう．

Qaraginchi, qo'ylar nega ma'rashmoqda, yana bo'ri kelgan bo'lmasin!
ねえねえ，羊たちはなぜメーメー鳴いているんだ？またオオカミが来ていないと良いんだが！

(2)《…した振りをする》

Hamma vaqt u bizni ko'rmagan bo'ladi.
いつも彼は私たちを見ぬ振りをします．

Biz ham ashula aytgan bo'ldik.
私たちも歌を歌った振りをしました．

② 〔=gan³ +day / +dek bo'l=〕:《…したみたいである》

Xamirni yaxshi yoygandek bo'ldim.
私は練り粉を上手に広げたみたいです．

O'lib qolgandek bo'ldi.
彼は死んだみたいでした．

③ 〔=gan³ ko'rin=〕；過去推量を表す：《…したように見える》，《…したみたいである》

U saylovni yutgan ko'rinadi.
彼は選挙を制したようです．

Oqsoqolning ajali yetgan ko'rinadi.
老人の死期が至ったようです．

(2) 未完了形動詞（=adigan²）

　未完了形動詞 =adigan²（=adigan / =ydigan）は，《…する》を意味する形動詞である．未完了副動詞（=a²；p. 109）に digan（← turgan《あった》）が結合した複合接尾辞であるため，動詞語幹への付加は，未完了副動詞に順ずる．すなわち，子音語幹動詞には =adigan が，母音語幹動詞には =ydigan が

付加される.

(イ) =adigan² の限定修飾用法
　名詞の限定修飾語として用いる時の =adigan² の意味は,《…するところの》,《…するための》を表す.
　　　Bugun qiladigan ishingiz koʻpmi?
　　　今日するあなたの仕事は多いですか？
　　　Oʻzingiz yashaydigan viloyat va shahar haqida gapirib bering.
　　　ご自身が住んでいる州と都市について話して下さい.

(ロ) =adigan² の文末述語用法
① 〔=adigan²+人称助詞〕；確定近未来を表す：《…することになっている》
　　　Uning uyiga ertaga mehmon keladigan.
　　　彼の家に明日来客があります.
　　　Biz kelasi hafta yakashanba kuni ham ishlaydiganmiz.
　　　私たちは来週日曜日も働きます.
② 〔=adigan² edi〕；過去の予定を表す：《…すること[予定]になっていた》
　　　Men uchqichda uchadigan edim.
　　　私は飛行機で飛ぶことになっていました.
　　　Qishqi taʼtilda ota-onalarimizni koʻrib keladigan edik.
　　　私たちは冬休みに両親と会ってくることにしていました.

(ハ) =adigan² の名詞的用法
① 〔=adigan²〕：《…する[であろう]こと》
　　　動作の未完了の意味をもった名詞となる.
　　　KURT：oʻtmas, shart kesadigan emas.
　　　KURT：なまくらの，スパッと切れるのではない（の意）.
　　　Yomgʻir yogʻadiganga oʻxshaydi.
　　　雨が降りそうです.

98

② 〔=adiganlar²〕（+lar は複数接尾辞）：《…する複数のモノ[者/物]》
　　Bizga ishni sifatli bajaradiganlar kerak.
　　私たちには仕事をしっかりと果たす人が必要です．

（二）=adigan² の副詞的用法
① 〔=adigan² bo'l=〕：《…するよう[こと]になる》
　　Men majlisga qatnashadigan bo'ldim.
　　私は会議に参加することになりました．
② 〔=adigan² qil=〕：《…するように行う》
　　Iltimos, shimning taxini g'ijim bo'lmaydigan qiling.
　　お願いです，ズボンのタックがしわにならないように行って下さい．

(3) 見込形動詞（=ar²）

　見込形動詞 =ar² は，単独では概して見込み（「…するであろう」）を表現する形動詞である．動詞語幹の子音の種類に従って，動詞語幹に付加される（=ar は子音語幹へ，=r は母音語幹に．また，特定の（歴史的に決まった）動詞は時に =ur という形も使われる）．見込形動詞の否定形は =mas（< =ma + *r）である．

(イ) 見込形動詞の限定修飾用法
　=ar² は《…する（であろう）》，《…すべき》の意味で用いられる．否定形 =mas《…しない（であろう）》である．
　　　qilar ish　すべき仕事　　　　　o'lmas asar　不朽の著作
　　　bilinar-bilinmas nafis harakatlar
　　　わかるかわからないかほどの（＝かすかな）繊細な動き

(ロ) 見込形動詞の文末述語用法
① 〔=ar² / =mas+人称助詞〕
　(1) 見込・推量を表す：《…する[しない]だろう》

Unga biror narsa deb qo'yaymi? — Yo'q, rahmat. Keyinroq qo'ng'iroq qila<u>r</u>man.
彼に何か私は伝言しましょうか？——いいえ，有難う．後ほど私は電話します．

Balki hammasini uning o'zi tushunti<u>r</u>ar.
たぶん全てを彼自身が説明するでしょう．

Balki u bil<u>mas</u>.
たぶん彼は知りません．

(2) 真理を表す（三人称単数；諺などで）:《…する［しない］ものである》

Ahmoq o'zini maqta<u>r</u>, Nodon — qizini.
馬鹿は己を称賛する，阿呆は娘を（称賛する）．

Bo'ridan qo'rqqan ovga chiq<u>mas</u>, Ilondan qo'rqqan suvga tush<u>mas</u>.
狼を恐れる者は狩に行かぬ，蛇を恐れる者は水に入らぬ．

② 〔=ar^t / =mas e*di*〕

(1) 過去の習慣を描写する:《(当時はよく)…する［しない］ものであった》

Men yoshligimda ko'p ishla<u>r edim</u>.
私が若かった頃はたくさん働いたものでした．

Bolaligimda men ko'p kasal bo'<u>lardim</u> va shuning uchun shovqinli o'yinlarni yoqti<u>rmas edim</u>.
私が子供の頃私はたくさん病気になるものであって，そのため騒がしい遊びを好みませんでした．

(2) 過去の一時点を描写する:《(その時)…であった［なかった］》

Qushlar tobora balandlanib ko'zga ko'rinmay bora<u>r edilar</u>.
鳥たちは次第に高くなって眼に見えなってゆくのでした．

Juda charchagan ekanman. Men ko'zlarimni ochib turishga harakat qil<u>ardim</u> lekin bu qo'limdan kel<u>masdi</u>.
私は実はとても疲れていました．私は両目を開けていようとしましたが，手に負えませんでした．

(3) 控え目な語気を表す：《…なのですが》

Shanba boʻlgan boʻlardi.
土曜日だったら良いんですが．
Uni sen ham oʻqishingni xohlardim.
私はそれを君にも読んでもらいたいです．
Biz Anna betobligini bilmasdik.
私たちはアンナが病気であることを知りませんでした．

(4) 反実仮想を表す：《（本来なら）…するところだった》

U boʻlmaganda men poyezdga kechikkan boʻlar edim.
彼がいなければ私は列車に遅れたことでしょう．
Men sizni olib ketgani keluvdim. — Rahmat! Borardim, biroq bir oz tobim qochib turibdi.
私はあなたを連れに参りました．— ありがとう！私は本来なら行くところですが，少し体調がすぐれないんです．

Boshqacha aytganda, Yerdagi 60 yoshli odam Yupiter yili bilan endi 5 yoshga toʻlgan boʻlur edi.
換言すれば，地球において60才の人は，木星年ではやっと5才になるのです．

③ 〔=ar² / =mas ekan〕

(1) 発見・伝聞を表す：《…する［しない］のだ（そうだ）》

Ular dengiz boʻyidagi eski kulbada yashar ekanlar. Chol baliq ovlar, kampir esa urchuqda ip yigirar ekan.
彼らは海際にある古い小屋で暮らしていたそうだ．おじいさんは魚を捕り，おばあさんはというと紡錘で糸を紡ぐのであったそうだ．
Afsus, siz biz bilan borolmas ekansiz.
残念です，あなたは私たちと行けないのですね．

(2) 自問を表す：《…する［しない］のかなあ》

Qiziq, film qanday tugar ekan?
はて，映画はどう終わるのだろうか？

Qiziq, nimaga ayrim bolalar sutni yoqtirmas ekanlar?
おかしい，なぜ若干の子供たちはミルクを好まないのかなあ？

（ハ）=mas の名詞的用法

① 〔=masdan〕（+dan は奪格）

予想される行為の不履行を連用形用法で表す．

(1) 《…する前に》

Tom ovqatini yeb boʻlmasdan chiqib ketdi.
トムは彼の食事を食べ終える前に出て行きました．

Chorrahaga yetmasdan chapga buriling.
交差点に至る前に左に曲がって下さい．

(2) 《…せずに》，《…することなく》

Ishlar bilan charchamasdan yuribsizmi?
あなたは仕事疲れせずにお過ごしですか？

Men shirinlikni yemasdan turolmayman.
私はスイーツを食べずにはいられません．

② 〔=maslik〕：《…しないこと》

Siz kecha u yerga bormasligingiz kerak edi.
あなたは昨日そこへは行ってはいけませんでした．

Said uning manzilini bilmasligi mumkin.
サイードは彼の住所を知らないかも知れません．

（二）見込形動詞の従属節用法

① 〔=ar² ekan+人称助詞〕；時を表す：《…する間［際］に》

Stansiyaga borar ekanman yomgʻir yogʻa boshladi.
私が駅に向かっていると，雨が降り始めました．

Qish yaqinlashar ekan, kunlar qisqara boshladi.
冬が近づくと，日が短くなり始めます．

② 〔V=ar² -V=mas(dan)〕（V は動詞語幹）

(1) 《…するかしないうちに》,《…する間際に》

Bular yotganiga yarim soat bo'lar-bo'lmas, taxminan yuz ellik metr narigi-dagi yakka buta xiyol qimirladi.

これらが横たわって半時間ほど経とうとしている時，約150m 向こうにある一本の潅木がかすかに動いた．

(2) 《…するとすぐに》

Bankdan pul olar-olmas, Xurshid qimmatbaho narsalarni sotib oldi.

銀行からお金を下ろすとすぐに，フルシドは高価な品々を買いました．

（4）従事形動詞（=uvchi²）

従事形動詞 =uvchi²（=ovchi / =uvchi）は，動名詞（=uv²）に，従事［関係］者を表す接尾辞（+chi）が結合した形動詞である．=ovchi は a に終わる動詞語幹に，=uvchi はそれ以外の動詞語幹に付く（i に終わる動詞語幹には i を省いて =uvchi を付ける）．

（イ）=uvchi² の限定修飾用法

名詞を修飾する =uvchi² は，《…（に従事）するところの（者［物］）》を表す．

  soat 10.45 da jo'nab ketuvchi poyezd　10：45に出発する列車
  mahallamizda yashovchi insonlar　私たちの街区で暮らす人々

（ロ）=uvchi² の名詞的用法

○〔=uvchilar²〕（+lar は複数接尾辞）：《…（に従事）するところの複数の者［物］》

Sizning javobingiz imtihon oluvchilarga katta zavq bag'ishlaganini eshit-dim.

私はあなたの返事が試験官たちに大そうな興味を与えたと聞きました．

（5）未来形動詞（=ajak²）

未来形動詞 =ajak²（=ajak / =yajak）は未来推量を表す．=ajak は子音終わ

りの動詞語幹に，=yajak は母音終わりの動詞語幹に付加される．元々オグズ方言から採用された接尾辞で，さほど頻繁には目にしない．

(イ) =ajak² の限定修飾用法

名詞を修飾する =ajak² は，《…するであろうところの》,《…すべき》を表す.

Fanni yaxshi bilganligi bois, talaba topshiril<u>ajak</u> imtihonlardan qo'rqmasdi.
教科をよく知っていたので，学生は受ける試験を恐れないのでした.

(ロ) =ajak² の文末述語用法

=ajak² の文末述語としての意味は，《(必ずや) …するであろう》である．詩や誇大なスタイルの文体，スローガンなどで，確信的な未来推量を表す.

Biz g'alaba qozon<u>ajak</u>miz!
我々は勝利するであろう．

U bizning ham onamız va, albatta, kelajak avlodning ham onasi bo'<u>lajak</u>.
それ（大地）は私たちの母であり，無論，未来の子孫にとっても母となるものである.

(6) 発見・完了形動詞 (=mish)

発見・完了形動詞 =mish は，①（文末で）発見，②（限定修飾語として）完了形動詞として働く．古典的なニュアンスをもつものと思われ，さほど頻繁には見られない．

(イ) =mish の限定修飾用法

名詞を修飾する =mish は，《…したところの》を表す.

Mustaqillik tufayli Vatan, deb atal<u>mish</u> bu ko'hna zamin yanada chiroy ochdi, butun dunyoga yuz o'girdi.
独立によって祖国と呼ばれたこの古い大地はさらに美を開き，世界へ顔を転じました.

Bozorlar haqidagi suhbatimizni Toshkent shahrining eng katta bozorlaridan biri boʻlmish ― Chorsu bozoridan davom ettiramiz.
バザールについての私たちの会話を，タシケント市最大のバザールの1つであるチャルス・バザールから続けます．

(ロ) =mish の文末述語用法

◯ 〔=mish＋人称助詞〕；発見［伝聞］を表す：《(実は)…した》
Men sizning iltijongiz bilan shifo topmishman!
私はあなたの神への祈りで快復しましたよ！

11. 副動詞

　副動詞とは，「動詞的な副詞」を意味する用語で，日本語動詞の連用形に相当する．動詞と副詞の両方の機能を兼ね備え，動詞本来の機能はその語幹部までが担い，以下に述べる副動詞語尾の付いた形自体は，副詞相当語（すなわち不変化詞類）である．本書で述べるウズベク語の副動詞は，次の5つである．

（1）=ib^2（=ib / =b）完了副動詞
（2）=a^2（=a / =y）未完了副動詞
（3）=gani^3（=gani / =kani / =qani）目的副動詞
（4）=gach^3（=gach / =kach / =qach）順序副動詞
（5）=gun(*i*)cha^3（=gun(*i*)cha / =kun(*i*)cha / =qun(*i*)cha）限界・選択副動詞

　なお，（1）（2）は共に，文末において人称助詞を伴い，述語として終止形をなす用法がある．

(1) 完了副動詞（=ib^2）

　完了副動詞 =ib^2（=ib / =b）は，完了（「…してしまう」）の意味をもった動詞由来の副詞（「…して」）である．動詞語幹の条件に従って，=ib は子音語幹に，=b は母音語幹に付加される．

de=	(demoq)	言う	→ deb	言って
ye=	(yemoq)	食べる	→ yeb	食べて
oʻqi=	(oʻqimoq)	読む	→ oʻqib	読んで
eg=	(egmoq)	曲げる	→ egib	曲げて
ek=	(ekmoq)	植える	→ ekib	植えて
yop=	(yopmoq)	閉める	→ yopib	閉めて
oq=	(oqmoq)	流れる	→ oqib	流れて
yogʻ=	(yogʻmoq)	降る	→ yogʻib	降って

さらに，以下のような若干の動詞（語幹にlをもつ一音節のもの）の完了副動詞形は，短縮形（口語的）で書かれることがある．

boʻl=	(boʻlmoq)	なる	→ boʻlib / boʻp	なって
kel=	(kelmoq)	来る	→ kelib / kep	来て
ol=	(olmoq)	取る	→ olib / op	取って
qol=	(qolmoq)	残る	→ qolib / qop	残って
sol=	(solmoq)	放つ	→ solib / sop	放って

なお，完了副動詞形を p で綴った短縮形の人称助詞は，副動詞人称助詞 II 型（p.152）である．

（イ）=ib² の文中用法

文中で =ib² は，連用形として《…して》の意味で使われる．

  Choʻntagidan oʻn ming soʻm pul chiqarib berdi.
  彼はポケットから1万ソム出して与えました．
  U ayol bolasini qoʻlida koʻtarib xonaga kirdi.
  その女性は子供を腕に抱いて部屋に入りました．

同じ動詞を2回繰り返して用いると，その行為が複数回行われたことなどを表す（その際はハイフンでつなぐ）．

Shundan buyon mushuk tinch uxlay olmas, ehtimol sichqon chiqib qolar, deb inga qara<u>b</u>-qara<u>b</u> turarkan.

それ以来猫は静かに寝られず，たぶんネズミが出てくると，巣穴を眺めに眺めているのです．

完了副動詞の否定形は =mab であるが，この形は文末用法しか有さない．

Chol urib-urib, tuxumni sindira ol<u>mab</u>di.

おじいさんは叩きに叩いたが卵を割ることができなかったとさ．

文中で《…せずに》の意味では =may（未完了副動詞の否定形）が使われる．

Xonadonlarning moʻrisidan chiqqan tutun hali koʻtarilib ulgur<u>may</u>, koʻzdan gʻoyib boʻlmoqda.

家々の煙突から出た煙はまだ昇りきらない内に視界から消えています．

（ロ）=ib^2 の文末用法

完了副動詞は，文末述語として，以下の形式で用いられる．

① 〔=ib^2+人称助詞〕；発見過去：《（実は）…した》
② 〔=ib^2 e*di*〕；暫定過去：《（とりあえず）…した》

① 〔=ib^2+人称助詞〕

=ib^2 に付く人称助詞は下表のようである．

●副動詞人称助詞 I 型

人称 \ 数		単数	複数
一人称		+man	+miz
二人称	親称	+san	+siz(lar)
	敬称	+siz	
三人称		+di	+di(lar)

=ib² の付加例

1．母音語幹動詞の例

boshla= 始める		o'qima= 読まない	
boshlabman	私は始めたのだ	o'qimabman	私は読まなかったのだ
boshlabsan	君は 〃	o'qimabsan	君は 〃
boshlabsiz	あなたは 〃	o'qimabsiz	あなたは 〃
boshlabdi	彼(女)は 〃	o'qimabdi	彼(女)は 〃
boshlabmiz	私たちは 〃	o'qimabmiz	私たちは 〃
boshlabsizlar	あなた方は 〃	o'qimabsizlar	あなた方は 〃
boshlabdilar	彼らは 〃	o'qimabdilar	彼らは 〃

2．子音語幹動詞の例

yoz= 書く		quy= 注ぐ	
yozibman	私は書いたのだ	quyibman	私は注いだのだ
yozibsan	君は 〃	quyibsan	君は 〃
yozibsiz	あなたは 〃	quyibsiz	あなたは 〃
yozibdi	彼(女)は 〃	quyibdi	彼(女)は 〃
yozibmiz	私たちは 〃	quyibmiz	私たちは 〃
yozibsizlar	あなた方は 〃	quyibsizlar	あなた方は 〃
yozibdilar	彼らは 〃	quyibdilar	彼らは 〃

〔=ib²＋人称助詞〕の表す意味

　〔=ib²＋人称助詞〕は，発見過去を表す．話し手の「実は元は知らなかったのだが」という気持ちから発して（1）発見（気付き），（2）伝聞（伝聞に基づく発見［知得］）を表現する．cf.ekan；p. 160

　（1）発見：《(実は)…した》

　　　Men soyabonimni allaqayerda qoldiribman.
　　　私は私の傘をどこかへ置きっぱなしにしてしまいました．

Siz qorayibsiz.
あなたは日焼けしましたね.
Juda mazali bo'libdi.
とても美味しいです.

(2) 伝聞：《（実は）…だそうだ》，《…だとのことだ》

U uyning tomiga chiqib, mo'ri orqali ichkariga kirmoqchi bo'libdi.
彼（オオカミ）はその家の屋根に上り，煙突を通じて中へ入ることにしたとさ.

Keyin nima bo'libdi? Xonimning eri to'satdan kelib qolibdimi?
後でどうなったそうですか？夫人の夫が突然来ましたか？

Lekin oltin topa olmabdilar.
しかし彼らは黄金を見つけられなかったそうです.

② 〔=ib² edi〕

暫定過去《（とりあえず）…した》の意を表す．なお，時に =ib + edi は縮合して =uvdi，=ab + edi は =ovdi と綴られることもある．

Gaplashib, yotib kelay deb, kelib edim.
私は話をして，横になってこようと来たのです.

Bu xabarni men eshituvdim. Biroq sen aytgan yangilikni eshitmovdim.
この知らせを私は聞きました．でも君が言ったニュースを私は聞きませんでした.

Don oldin o'zbek tilini o'rganuvdi. Eshitishimcha, u hozir turkman tilini ham o'rganibdi.
ドンは以前ウズベク語を学んでいました．私が聞くところ，彼は今トゥルクメン語をも学んだそうです.

（2）未完了副動詞（=a²）

未完了副動詞 =a²（=a / =y）は，未完了（「…している」）の意味をもった動詞由来の副詞（「…しながら［つつ］」）である．動詞語幹の条件に従って，=a は子音語幹に，=y は母音語幹に付加される．

子音語幹動詞の例.

ek=	植える	→ eka	植え（ながら）
kel=	来る	→ kela	来（ながら）
oq=	流れる	→ oqa	流れ（ながら）
qoray=	黒くなる	→ qoraya	黒くなり（ながら）
tush=	落ちる	→ tusha	落ち（ながら）
yop=	覆う	→ yopa	覆い（ながら）

母音語幹動詞の例.

qara=	見る	→ qaray	見（ながら）
tozala=	掃除する	→ tozalay	掃除し（ながら）
yasha=	暮らす	→ yashay	暮らし（ながら）
arzi=	値する	→ arziy	値し（ながら）
o'qi=	読む	→ o'qiy	読み（ながら）

なお，以下の2つの動詞は，未完了副動詞形に2形式見られる.

| de= | 言う | → dey / deya | 言い（ながら） |
| ye= | 食べる | → yey / yeya | 食べ（ながら） |

＊deya, yeya は文末用法では用いない.

（イ）=a^2 の文中用法

　文中での未完了副動詞の表す意味はふつう，付帯状況である．日本語の連用形「…しながら［つつ］」とか，「…して」，「…した状態で」などと訳される．時に「…するや（否や）」の意味でも用いられる.

　　narigi tomon o'ta ko'rinadigan qog'oz
　　あちら側が透けて見える紙．透写紙

　　Devorlar nam tortib yiqilmasin deya tashqi tomondan betonlanmoqda.
　　壁が湿気を吸って倒れないようにと，外側からセメント塗装されつつあります．

　　Sen kimsan? Qayerdan kelayotirsan?
　　君は誰だい？どこから来ているんだい？

U kela o'qishga kirishdi.
彼は帰宅するや読書に取りかかりました.

同じ動詞を2回繰り返して用いると，その行為が複数回［継続的に］行われことなどを表す（その際はハイフンでつなぐ）.

Bola ertakni tinglay-tinglay uxlab qoldi.
子供は民話を聞きながら眠ってしまいました.

Voqeani kula-kula so'zlab berdi.
彼はその出来事を笑いながら話してくれました.

（ロ）=a² の文末用法

〔=a²+人称助詞〕は現在・未来形（＝非過去）を表し，《…します》を意味する．その際，副動詞人称助詞Ⅰ型が付加される．

●副動詞人称助詞Ⅰ型

人称	数	単数	複数
一人称		+man	+miz
二人称	親称	+san	+sizlar
	敬称	+siz	
三人称		+di	+dilar

=a² の付加例

1．母音語幹動詞の例

boshla= 始める		o'qima= 読まない	
boshlayman	私は始める	o'qimayman	私は読まない
boshlaysan	君は 〃	o'qimaysan	君は 〃
boshlaysiz	あなたは 〃	o'qimaysiz	あなたは 〃
boshlaydi	彼(女)は 〃	o'qimaydi	彼(女)は 〃
boshlaymiz	私たちは 〃	o'qimaymiz	私たちは 〃
boshlaysizlar	あなた方は 〃	o'qimaysizlar	あなた方は 〃
boshlaydilar	彼らは 〃	o'qimaydilar	彼らは 〃

2．子音語幹動詞の例

yoz= 書く		quy= 注ぐ	
yozaman	私は書く	quyaman	私は注ぐ
yozasan	君は 〃	quyasan	君は 〃
yozasiz	あなたは 〃	quyasiz	あなたは 〃
yozadi	彼(女)は 〃	quyadi	彼(女)は 〃
yozamiz	私たちは 〃	quyamiz	私たちは 〃
yozasizlar	あなた方は 〃	quyasizlar	あなた方は 〃
yozadilar	彼らは 〃	quyadilar	彼らは 〃

〔＝a^2＋人称助詞〕の表す意味

○　未完了副動詞の文末用法は，現在・未来を表す．

(1) 現在を表す．

Men hozir buni qila olmayman.

私は今これをすることができません．

(2) 習慣を表す．

Biz ko'p meva yeymiz.

私たちはたくさんの果物を食べます．

(3) 未来を表す．

Ertaga biror joyga boraman.

私は明日どこかへ行きます．

(3) 目的副動詞（＝gani[3]）

目的副動詞 =gani[3]（=gani / =kani / =qani）は，行為の目的を表す．
音形の3つのバリエーションは，通常以下の条件に従って付加される．

1.	=gani	-k / -q 以外に終わる動詞語幹の後
2.	=kani	-k に終わる動詞語幹の後
3.	=qani	-q に終わる動詞語幹の後

＊=gani³ は =gali³（=gali / =kali, =qali）という形で現れることもある．

=gani³ の用法

○ 行為の目的を表す：《…するために》，《…しに》

Men stansiyaga otamni kutib ol<u>gani</u> bordim.
私は駅に父を出迎えに行きました．

Kechki ovqatini yedi, gazeta o'qidi va uxla<u>gani</u> yotdi.
彼は晩ご飯を食べ，新聞を読み眠るために横たわりました．

Menda o'qi<u>gani</u> bir necha qiziqarli o'zbek tili kitoblari bor.
私の元には読むのにいくつか面白いウズベク語の本があります

Uni ko'r<u>gali</u> tez-tez kelib turaman.
私は彼と会いに頻繁に来ます．

（4）順序副動詞（=gach³）

　順序副動詞 =gach³（=gach / =kach, =qach）は，基本的には動作の発生順序を表す．ただし，否定形は動作が発生しなかったことを原因・理由とする含意を表現する．音形の3つのバリエーションは，通常以下の条件に従って付加される．

1.	=gach	-k / -q 以外に終わる動詞語幹の後
2.	=kach	-k に終わる動詞語幹の後
3.	=qach	-q に終わる動詞語幹の後

=gach³ の用法

① 〔=gach³〕：《…してから》，《…したら》，《…すると》

Tun ket<u>gach</u>, tong oqor<u>gach</u>, qushlar sayray boshladi.
夜が去り，明け白むと，鳥たちがさえずり始めました．

U maqolani yozib bo'lgach biznikiga kelishini va hammasini gapirib berishini aytdi.

彼は記事を書き終えたら私たちの所に来ること，そして全てを語ってくれると言いました．

② 〔=magach〕：《…しなかったので》

Yomg'ir tinmagach, biz kinoga bordik.

雨が止まなかったので，私たちは映画に行きました．

Mashrab saroy hovlisiga kirdi va hech kimni ko'rmagach, o'z hujrasi tomonga burildi.

マシラブは宮殿の中庭に入り，誰も見かけなかったので，自分の部屋へ向きを変えました．

（5）限界・選択副動詞（=gun(i)cha³）

=gun(i)cha³（=gun(i)cha / =kun(i)cha, =qun(i)cha）は，① 限界，② 選択を表す副動詞である．=gun³ に +cha《…くらい》（時に +gacha《…まで》）が付いたもので，=gun³ と +cha の間には，必要に応じて所有接尾辞が付加される（口語的には省略される）．

音形の３つのバリエーションは，通常以下の条件に従って付加される．

1.	=gun(i)cha	-k / -q 以外に終わる動詞語幹の後
2.	=kun(i)cha	-k に終わる動詞語幹の後
3.	=qun(i)cha	-q に終わる動詞語幹の後

=gun(i)cha³ の用法

① 動作の限度・限界を表す．

(1) 〔=gun(i)cha³〕：《…するまでに》＝〔=gun(i)ga³ qadar〕（qadar（与格支配の後置詞）を参照のこと）

U kelguncha ishning yarmini qilib bo'ldik.

彼が来るまでに，私たちは仕事の半分をし終えました．

Biz stansiyaga yetib bor<u>gunimizgacha</u>, poyezd jo'nab ketadi.
私たちが駅に着くまでに，列車は出発します．

(2) 〔=magun(i)cha³〕:《…しない内は》

Bugun men ularga xat yoz<u>magunimcha</u> hech qayerga chiqmayman.
今日私は彼らに手紙を書かないうちは，どこへも出かけません．

Ular qishloqqa yetib kel<u>magunlaricha</u> yurishni davom ettirdilar.
彼らは村に辿り着くまで，歩行を継続し続けました．

② 動作の選択を表す：《Aするよりも（Bする）》

Qogo'zga yoz<u>guncha</u> daftarga yoz!
君は紙に書くよりもノートに書け！

O'zga yurtning boshi bo'l<u>guncha</u>, o'z yurtingning toshi bo'l.
他邦の長となるよりも，汝自身の邦の石となれ．（諺）

12. 補助動詞

　補助動詞とは，その動詞本来の意味が薄れ（文法化し），他の動詞の完了・未完了副動詞形と共に用いられて，その動作の様々な行われ方（アスペクト）を表すようになった動詞を指す．日本語で言う「降り<u>だす</u>」，「行って<u>みる</u>」，「書き<u>おく</u>」の下線部に見られるような用法をもつ動詞群である．

　以下，主な23の動詞の補助動詞としての用法について述べる．なお，ウズベク語の補助動詞は，直前の本動詞と必ず離して書くもの，必ずくっつけて書くもの，そのどちらも許容されるものがある．また，補助動詞も必要に応じて態の接尾辞をとる場合がある．

1. ber=	与える		7. kel=	来る
2. bil=	知る		8. ket=	行く，去る
3. boq=	見る		9. ko'r=	見る
4. bor=	行く		10. ol=	取る
5. boshla=	始める		11. qol=	残る
6. bo'l=	なる		12. qo'y=	置く

13. sol=	放つ	19. yubor=	送る
14. tashla=	投げる	20. yur=	行く，動く
15. tur=	立つ	21. o'l=	死ぬ
16. yet=	達する	22. o't=	過ぎる
17. yot=	横たわる	23. chiq=	出る
18. yoz=	…しそうになる		

1. ber= 与える

① 〔=ib² ber=〕：《…してやる［あげる，くれる］》
その行為が他者のために行われることを表す.

    Cho'ntagidan besh ming so'm pul chiqarib berdi.
    彼はポケットから5000ソム出して与えました.
    U menga hayoti haqida gapirib berdi.
    彼は私に人生について話してくれました.

② 〔=a² ber=〕/〔=a²ver=〕：《（構わずに）…する》
その行為が何はばかることなく進行することを表す.

    Ra'no javob berish o'rniga yo'lakka qarab yura berdi.
    ラーノは返答する代りに径に目をやり歩き続けました.
    U har doim ham rost gapiravermaydi.
    彼はいつも真実を話すわけではありません.
    Suv qaynayverib bug'ga aylandi.
    水はどんどん沸騰して蒸気となりました.

2. bil= 知る

○ 〔=a² bil=〕：《（心得があり）…できる》
その行為を習い覚えていて，できることを表す.

    tinish belgilarini o'z o'rniga qo'ya bilish
    休止符を正しい位置に付すことができること

3. boq= 見る

○ 〔=ib² boq=〕：《…してみる》

その行為の体験を表す．ko'r=《見る》と互換可．

    Qo'ng'iroq qilib boqaman.

    私は電話してみます．

    Sharbatni ichib boq.

    ジュースを飲んでみな．

4．bor=　行く

① 〔=a² bor=〕:《…してゆく》

その行為が先へ進行[発展]していく感じを表す．

    Qor va shamol kuchaya bordi. 風雪は強まっていった．

② 〔=ib² bor=〕:《…してゆく》

 （1）その行為の主体が実際に離れ遠ざかって行くことを表す．

    Qushlar tobora balandlanib ko'zga ko'rinmay borar edilar.

    鳥たちは次第に高くなって眼に見えなってゆくのでした．

 （2）その行為が先へ（段階的に）進行[発展]していく感じを表す．

    Havo yaxshi bo'lib boryapti.

    天気は良くなっていっています．

    Qurt boqishda sodir bo'lgan kamchiliklarni o'z vaqtida tuzatib borishlari kerak.

    彼らは養蚕をする上で生じた諸問題をその場で改善してゆく必要があります．

5．boshla=　始める

〇 〔=a² boshla=〕:《…し始める》

その行為が始まること表す．

    Qor yog'a boshladi.

    雪が降り始めました．

    Ular gaplasha boshladilar.

    彼らは話し始めました．

    Bola pulni olib, yana avvalgidan ortiq yig'lay boshladi.

    子供はお金をもらい受け，また最初以上に泣き始めました．

6. bo'l= なる

○ 〔=ib² bo'l=〕

(1) その行為が全て終わることを表す：《…し終わる》

Hamma siyoh ishlatilib bo'lindi.

全てのインクが使い切られました．

Tushlik qilib bo'liboq, biz sayrga chiqamiz.

正餐をし終えたらすぐ，私たちは散歩に出ます

(2) 否定形で用いて，不可能を表す：《…することができない》

Busiz hech qanday masalani hal etib bo'lmaydi!

これなしではいかなる問題も解決することはできません！

U abadulabad chiqib bo'lmas qamoqqa kirib qolgan.

彼は永久に出ることができない牢屋に入ってしまいました．

So'zni gapirganda nima deyayotganini bilib bo'lmaydigan bir qavmga ro'baro' keladi.

言葉を話すと何を言っているのかわからないある部族に彼は出くわします．

(3) 〔=ib² bo'p〕（bo'p は bo'lib の縮略形）：《決して…しない》

Yakshanba kuni darsga borib bo'pman.

日曜日私は決して授業に行きません．

Hukumat dehqonlarga yordam bermoqchi emish. — Yordam berib bo'pti.

政府は農民に援助するつもりだそうだよ．— 援助しっこない．

7. kel= 来る

○ 〔=ib² kel=〕：《…してくる》

その行為の対象が，近づいてくる感じを表す．

Bu tashkilotda 2000 yilgacha ishlab keldim.

この機関で私は2000年まで働いてきました．

8．ket= 行く，去る

◯　〔=ib² ket=〕

（1）その行為の対象が，実際に元の場から去ることを表す．

Nimadir stoldan polga tush<u>ib ket</u>di.

何かがテーブルから床に落ちました．

（2）その行為が（他者の力の及ばぬところで）すっかり行われてしまうことを表す．

Finjon parcha-parcha bo'<u>lib ket</u>di.

ティーカップがばらばらになってしまいました．

（3）感情や感覚等に関わる動作が，にわかに強く高まることを表す．

Sizlar uchun men uyal<u>ib ket</u>yapman.

あなた方が私は恥ずかしいです．

U qiz o'q ovozidan titr<u>ab ket</u>di.

その娘は銃声で震え上がりました．

9．ko'r= 見る

①　〔=ib² ko'r=〕：《…してみる》

その行為の体験を表す．boq=《見る》と互換可．

Bu ovqatni ye<u>b ko'r</u>madingmi?

この料理を君は食べて見ませんでしたか？

Bu haqda yana biror kishidan so'r<u>ab ko'r</u>ing.

これについてまた誰かに尋ねてみて下さい．

②　〔=a² ko'r=〕

多く命令形で用いて，懇願の意を表す．

Bu to'g'rida birovga og'iz och<u>a ko'r</u>mang.

あなたはこれについて誰かに話さないで下さいよ．

Tashqariga chiq<u>a ko'r</u>ma.

外へ決して出るなよ．

10. ol= 取る
① 〔=ib² ol=〕：《〈行為者が自らに向け〉（ちゃんと）…する》
　(1) その行為によって生ずる具体物を獲得する．
　　　Ishyoqmas Nif-Nif esa uychasini tezda poxoldan tiklab olibdi.
　　　無精者のニフニフはというと，小さな家をじきに藁で建てたとさ．
　(2) その行為による不利益を獲得する．
　　　Men barmog'imni kesib oldim.
　　　私は指を切ってしまいました．
　(3) その行為自体をしっかり獲得する．
　　　Iltimos, o'tib olay.
　　　お願いです，通して下さい．
② 〔=a² ol=〕/〔=ol=〕：《…することができる》（能力や可能性［見込み］）
　　　Mashina hayday olasizmi?
　　　あなたは車を運転できますか？
　　　Men uni arang tushuna oldim.
　　　私はそれをどうにか理解できました．
　　　Devordagi rasm haqida nima deya olasiz?
　　　壁に掛かった絵画についてあなたは何が言えますか？
　　　Men kutolmayman. Vaqtim yo'q.
　　　私は待てません．時間がありません．
　　　Xitoy tilida gaplasholadimi?
　　　彼は中国語で話せますか？
　　　Bolalar shu qadar to'polon qilishdiki, men ishlolmadim.
　　　子供たちがとても騒いだので私は仕事ができませんでした．
　　　Ovqat yeyolmayapman.
　　　私は食事が食べられずにいます．

11. qol= 残る

① 〔=ib² qol=〕

不意にある状態になることを表す.

Bog'bon bir kuni kasal bo'lib qolibdi.
園丁はある日病気になってしまったとさ.

Men shunaqangi hayajonlanardimki, parda ko'tarilganini ham sezmay qoldim.
私はとても興奮していたので，カーテンが上がるのも気づきませんでした.

② 〔=a² qol=〕

親近さや保護者ぶり，嫌味などの語気を表す.

Bu kitobcha siz uchun keraksiz bo'lsa, menga sota qoling!
この小さな本があなたに不要なら私に売ってちょうだいな！

Men uni aytaqolay!
私にそれを歌わせてよ！

12. qo'y= 置く

○ 〔=ib² qo'y=〕

（1）その行為の結果をある場所にしておく意を表す.

Bog'ning ichiga bir ko'za oltin ko'mib qo'yganman.
私は庭園の中に水差し１個分の金貨を埋め置きました.

（2）その行為の実行の事実をつくっておく意を表す.

Men qalamimni sindirib qo'ydim.
私は私の鉛筆を折ってしまいました.

Pasportingizni qayerda yo'qotib qo'ydingiz?
あなたはパスポートをどこで失くしてしまったんですか？

13. sol= 放つ

○ 〔=a² sol=〕

《…した直後に》，《…するなり》の意を表す.

Boshliq prezidentni ko'ra solib o'rnidan turdi.
　　　上司は大統領を見るや起立しました。
14. tashla= 　投げる
◯　〔=ib² tashla=〕
　(1) 動作が決然と［強く，迅速に，精力的に］完遂される様を表す。
　　　Seni xayolimdan chiqarib tashlay olmadim.
　　　私は君のことが頭から離れませんでした。
　(2) 若干動詞と共に用い，その動作の多回性を表す。
　　　Qochsangiz, itlar sizni g'ajib tashlaydilar.
　　　もしあなたが逃げるなら，犬たちがあなたにガブガブ咬みつきます。
15. tur= 　立つ
①　〔=ib² tur=〕
　(1) 習慣的［断続的］行為の進行を表す。
　　　Telefon qilib turing.
　　　あなたは途切れなく電話をよこしていて下さい。
　　　Sizning boshingiz tez-tez og'rib turadimi?
　　　あなたの頭はしょっちゅう痛みますか？
　(2) 持続的な行為［状態］の進行を表す。
　　　Quyosh sayyoralarni tortib turadi.
　　　太陽は惑星を引っ張っています。
　　　Ba'zi daraxtlar butun yil davomida yashil bo'lib turadi.
　　　一部の木々は丸一年を通じて青々としています。
　(3) しばらく［暫時的に］その行為を行うことを表す。
　　　Bir oz kutib turing, iltimos.
　　　しばらく待って下さい，お願いします。
　　　Men u menga berib turgan kitoblarni qaytardim.
　　　私は彼が私に貸してくれた本を返しました。

② 〔=a² tur=〕

進行を表す.

Yo'lda keta turib eski tanishim Obidni ko'rib qoldim.
道を歩いていて私は古い知合いオビドに会いました.

Filcha tikanli buta oldidan o'ta turib, Kolokolo qushchasini ko'ribdi.
小象は刺のある茂みの前を通っている時, コロコロという小鳥に会ったそうな.

16. yet= 達する

○ 〔=ib² yet=〕

その動作［状態］が十分な水準に達した様を表す.

Sen hali ham xatolaringni anglab yetmading.
君はいまだに君の間違いを理解していません.

Gilos may oyida pishib yetadi.
サクランボは５月に熟します.

17. yot= 横たわる

○ 〔=(a)yot=〕

その行為が進行していることを表す.

O'zingiz yashayotgan shahar haqida gapirib bering.
あなた自身が住んでいる都市について話して下さい.

Qishning tugayotganini nimadan bilish mumkin?
冬が終わってきているのを何から知ることができますか?

Men qaytib kelganimda ular kechki ovqatni yeyayotgan bo'lishadi.
私が帰ってくると, 彼らは晩ご飯を食べている最中です.

Biz qaytganimizda u hali ham ishlayotgan edi.
私たちが帰る時, 彼はまだ働いていました.

Bu kitobni o'qiyotib, men bir qator qiziq narsalarni uchratdim.
この本を読んでいて, 私は一連の興味深いものに出くわしました.

18. yoz=　…しそうになる

○　〔=a² yoz=〕/〔=a²yoz=〕

(1) 《(危うく)…しかける》

Gap bilan bo'lib, ovqat tayyorlashni unuta yozibman.
話にかまけて，私は食事の用意を忘れるところでした．
Jahli chiqqanidan bo'ri yorilib ketayozibdi.
怒りがこみ上げ，オオカミは爆発せんばかりだったとさ．

(2) 《(間もなく)…する》

Kun bota yozdi.
太陽が沈みかけていました．

19. yubor=　送る

○　〔=ib² yubor=〕/〔=vor=〕

(1) 送ることを表す：《…送る》

Iltimos, tuzni uzatib yuboring.
お願いです，塩をよこして下さい．

(2) 対象が遠ざかった感じを表す．

Siz nimadir tushirib yubordingiz.
あなたは何かを落しましたよ．

(3) その行為がすばやく行われることを表す：《(ささっと)…する》

Xaritadan ko'rsatib yuboring, iltimos.
地図で示して下さい，お願いです．
Siz ham bir narsa devoring.
あなたも何かおっしゃって下さい．

(4) その行為が決然と行われることを表す．

Kecha kun bo'yi yomg'ir yog'di va bu bizning barcha rejamizni buzib yubordi.
昨日一日中雨が降り，これが私たちの全計画を壊してしまいました．

20. yur= 行く，動く
○ 〔=ib² yur=〕：《((日頃) 活動的に) …している》
その行為が日頃［習慣的に］，身体的動きを伴い進行していることを表す．

　　Senga oʻxshab maktabda oʻqib yurgan vaqtida, Napoleon sinfida eng yaxshi oʻqivchilardan boʻlgan.
　　君のように学校に通って勉強している時に，ナポレオンはクラスで一番良い生徒の１人でした．

21. oʻl= 死ぬ
○ 〔=ib² oʻl=〕：《(死ぬほど［さんざん］) …する》

　　Bir oz dam olgin. Charchab oʻlding, bolam.
　　少し休憩しなよ．君は死ぬほど疲れたね，坊や．
　　Yosh qizim uyda qolgandi. Men kelguncha, u qoʻrqib oʻlibdi.
　　私の幼い娘は家に残ったのでした．私が来るまで，彼女は死ぬほど怖かったそうです．

22. oʻt= 過ぎる
○ 〔=ib² oʻt=〕
　　時間軸上での動作の通過［完了］を表す．

　　Bugun ertalab yoʻmgʻir yoʻgʻib oʻtdi.
　　今朝雨が降りました．
　　Hayit kunlari har safar qarindoshlarimni koʻrib oʻtaman.
　　私は祭日には毎回親戚たちと会います．
　　Juma kuni kechqurun majlis boʻlib oʻtdi.
　　金曜日の夕方会議が行われました．

23. chiq= 出る
○ 〔=ib² chiq=〕
　　一定の時間をかけて，ある行為が完遂されることを表す．

　　U koʻpincha kechalari yigʻlab chiqardi.
　　彼女は多くの場合毎夜泣き通すのでした．

Xamma narsalarda belgi bormikin, tekshirib chiqing.
全てのものにしるしがあるのだろうか，調べ上げて下さい．
U shartnomani imzolashdan oldin uni qayta oʻqib chiqdi.
彼は契約書にサインする前にそれを再び読み通しました．

第5章

不変化詞類

　不変化詞類とは，名詞類にも動詞類にも含まれない，その名の通り，不変化な品詞類の総称である．単独で独立した形で綴られるものの他，助詞類では正書法上，前の語にくっつけて綴られるものもある．

1．副詞

　ウズベク語の副詞は，日本語のそれと同様，動詞（語幹）や形容詞などを前から修飾して，その意味の表す特性を表示する．副詞には，不変化詞類に属する最も多岐にわたる来源をもつ語彙が含まれる．

　他の品詞類同様，単一の形態素からなるものと，派生によるものが見られる．

① 単一の形態素からなるもの
　　　hozir　今　　　　　　　　doim　いつも
　　　sal　かすかに　　　　　　arang　やっと

② 派生（〜合成）によるもの
　　　bugun　今日（< bu《この》+kun《日》）
　　　birdan　突然（< bir《1》++dan（奪格語尾））
　　　kunduzi　日中に，午後（< kunduz《日中》++i（所有接尾辞））
　　　o'ta　とても（< o't=《過ぎる》+ =a（未完了副動詞語尾））
　　　kelar-kelmas　来るやいなや（< kel=《来る》+ =ar（見込形動詞肯定
　　　　　　　形語尾）+kel=《来る》+ =mas（見込形動詞否定形語
　　　　　　　尾）（見込形動詞の合成による副詞への転））
　　　betma-bet　対面して（< bet《顔》++ma-（「…に」を表す）+bet《顔》）
　　　〔形容詞+lik+bilan〕…の有様で（例；botirlik bilan　勇敢に，sabrsizlik

127

bilan 辛抱できずに)

以上のように，副詞は様々な接尾辞や語彙などの組み合わせによっても作られる．ただ，副詞相当の働きをする語彙数は，擬音・擬態語等も含め，数こそ多いものの活用しない．したがって，本書では通常の副詞については細かくは述べない．

2．接続詞

接続詞とは，2つ以上の文や語句を文法的・意味的に結びつける働きをする語句である．本書ではそのうち，文や語句の前に置くものを指すこととする（文や語句の後ろに置いて接続詞の働きをする語（va, ki など）は，接続助詞とみなすため．本書では「助詞」の項目で述べる）．

接続詞は前後の文脈により，（1）並立接続詞，（2）選択接続詞，（3）逆接接続詞，（4）原因接続詞，（5）結果接続詞，（6）条件接続詞，（7）譲歩接続詞，（8）前提接続詞，（9）換言接続詞などに分類できる．

(1) 並立接続詞

balki
① 《(…であり) かつ》：累加を表す．
  U sengagina emas, balki menga ham yoqadi.
  彼は君だけでなく，私にも気に入りました．
② 《(…ではない) むしろ…》：選択を表す．
  Bola maktabga avtobusda emas, balki piyoda borgani ma'qul.
  子供は学校へバスではなく，むしろ徒歩で行ったほうが良いです．
ham 《(…であり) かつ》（併用）：累加を表す．
  U ham ko'hna, ham zamonaviy shahar.
  それは古く，かつ近代的な都市です．
na 《どちらも (…ない)》（併用）（双方を否定する．否定語を伴った場合も双方を否定するが，強調的）

<u>Na</u> u javob, <u>na</u> bu javob to'g'ri(emas).
その答えもこの答えも（全く）正しくありません．

qolaversa《同様に》,《同時に》,《さらには》

Ayni vaqtda kitob o'zbek ismlarining kirillitsa va lotin yozuvida yozilishida har bir kishiga, <u>qolaversa</u>, rasmiy idoralarga ko'mak berib, bu borada qo'llanma vazifasini o'taydi.
同時に本書は，ウズベク人名のキリル文字とラテン文字での表記で各個人に，さらには公的機関に役立ち，この方面で手引書の役割を果たします．

shuningdek《そしてかつ［また］》,《それと同時に》

U o'zbek tilida o'qiydi, <u>shuningdek</u>, bu tilda gapiradi ham.
彼はウズベク語で読ます．その上，この言語で話もします．

（2）選択接続詞

bo'lmasa《(そうで) ないならば》,《さもなくば》

Darhol boring, <u>bo'lmasa</u> poezdga ulgurmaysiz.
すぐに行って下さい，さもなくばあなたは列車に間に合わない．

yo《あるいは》,《もしくは》（単独 / 併用）

Ha deysizmi <u>yo</u> yo'q deysizmi?
あなたはイエスですかノーですか？

<u>Yo</u> sen borasan, <u>yo</u> men boraman.
君が行くか私が行くかのどちらか一方です．

yoki《あるいは》,《もしくは》,《それとも》（単独 / 併用）

Qishloqqacha bu yerdan yetti <u>yoki</u> sakkiz kilometr.
村までここから7，8キロです．

U <u>yoki</u> Toshkentda, <u>yoki</u> Samarqandda.
彼はタシケントかサマルカンドにいます．

(3) 逆接接続詞

ammo《しかし》,《でも》

 Pishloq yaxshi emas ekan, ammo sariyog' juda a'lo darajada edi.
 チーズは良くなかったです．しかしバターはとても優れた水準でした．

biroq《しかし》,《でも》

 Men sizga qo'ng'iroq qildim, biroq singlingiz sizni uyda yo'q, dedi.
 私はあなたに電話をしました．でもあなたの妹はあなたのことを家に不在だと言いました．

lekin《しかし》,《でも》

 Men choyni ichdim, lekin sutni ichmadim.
 私はお茶は飲みました．でもミルクは飲みませんでした．

(4) 原因接続詞

zero(ki) → chunki

chunki《なぜなら》

 U band, chunku u talaba.
 彼は忙しいです．なぜなら彼は学生ですから．

(5) 結果接続詞

shu sababli《それゆえ》,《だから》

 Shu sababli o'zbek futboli ishqibozlari milliy terma komandamizdan g'alabalar kutishga haqlidir.
 それゆえ，ウズベクのサッカーファンたちは我が国の選抜チームの勝利を待ち望んでいるのは当然です．

shuning uchun《だから》,《そのため》
  Shuning uchun o'zbek tili lotin alifbosini yaxshi o'rganishni tavsiya qilamiz.
  そのため，ウズベク語ラテン文字アルファベットをしっかりと学ぶことを私たちはお勧めします．

（6）条件接続詞

agar《もし》,《仮に》
  Agar men boy bo'lsam baxtli bo'lardim.
  もし私が金持ちだったら幸せなのになあ．
basharti《もし》,《仮に》
  Basharti siz xohlasangiz… もしあなたがお望みなら…
mabodo《もし》,《仮に》
  Mabodo sovuq bo'lsa… もし寒いならば…

（7）譲歩接続詞

garchi《仮に（…だとしても）》
  Garchi, bu poyabzal narigisidan yaxshiroq bo'lsa-da, men uni olmayman.
  もし，この靴があちらのより良いとしても，私はそれを買いません．

（8）前提接続詞

modomiki《もはや（…である以上）》
  Modomiki siz rozi ekansiz, mening qarshiligim yo'q.
  もはやあなたが同意したのだから，私は反対しません．
shunday ekan《そうである以上》,《ならば》
  Prezident har kuni dunyo bo'ylab sayr-sayohatda, shunday ekan Tashqi ishlar vaziri nega kerak?
  大統領は毎日世界中を外遊している．ならば外相はなぜ必要なんだ？

(9) 換言接続詞

boringki《要するに》

    Boringki u kelmasa, ishni kim qiladi?

    要するに，彼が来なければ仕事は誰がするのですか？

demak《すなわち》

    Demak, uni siz yozgan ekansiz-da?

    つまり，それをあなたが書いたわけですね？

    Yaxshi tush koʻribsan, — dedi oyisi. — Demak, uyga mehmon kelayotir.

    「あんたは良い夢を見たわね.」と彼女のお母さんは言いました.「つまり，家にお客さんがやって来ますよ.」

demakki → demak

qisqasi → xullas

xullas《要するに》

    Xullas, biz bu mavzuga toʻxtalib oʻtishlik bizning bugungi darsimizning mavzusi emas.

    要するに，私たちがこのテーマに言及することは，私たちの今日の授業の目的ではありません.

yaʼni《すなわち》，《つまり》

    Oʻsha yerda, yaʼni Ili daryosi vodiysida Chigʻatoy 1242 yili vafot etgan.

    この場所で，すなわちイリ河谷でチャガタイは1242年に死去しました.

3．間投詞

間投詞は，話し手の様々な気持ちを表す．文の成分にはならず，文中ではコンマで区切って綴られることが多い．概して，聞き手を想定しない（独り言的な）ものと，聞き手を想定すものの2種類に分かれる．以下，若干のものをまとめて挙げる．

ajabo   驚きを表す：《おやまあ》

assalomu alaykum   ムスリムの挨拶用語.「アッサラーム・アライクム（あな

た(方)の上に平安あれ！)」:《こんにちは》
　＊これに対する返答は，va alaykum assalom「ワ・アライクムッサラーム（そしてあなた(方)の上にも平安あれ！)」

astag'firullo　① 驚きをを表す:《おや》,《あら》. ② 怒りと驚きを表す:《何とまあ》,《いやはや》

attang　残念や後悔を表す:《ああ残念》

ax　驚きや喜び，恐怖などを表す:《ああ》,《おお》,《うわ》

aylanay　愛情や敬意を表す:《私の愛する者よ》

balli　賞賛や喝采を表す:《よくやった》,《でかした》,《いいぞ》

barakalla　賞賛や喝采を表す:《すごいぞ》,《よくやった》,《でかした》

bas　制止を表す:《もう十分だ》,《たくさんだ》

baxayr　病気や不幸に見舞われた人にかける言葉:《大丈夫ですか》

bay-bay　驚きや称賛，不満や後悔などを表す:《ああ》,《おお》,《うわー》

be　驚愕や異議[不満，疑念]などを表す:《え〜》

beh-beh　動物や鳥を呼ぶ掛け声:《おいでおいで》,《来い来い》

dard　恨みを表す:《ちくしょう》,《くそっ》

e　抗議や驚き，失望などを表す:《えっ》

es(s)iz　残念さを表す:《ああ残念だ》

evoh　強い残念や悲嘆の気持ちを表す:《ああ残念》,《残念無念》

ey　① 呼びかけを表す:《おい》,《ちょっと》. ② 嘆きや異議の念を表す:《おや》

ha　承認を表す:《はい》

hay　① 注意の引付けを表す:《おい》,《ねえ》. ② 警告を表す:《いいかい》. ③ 過去の容認[諦め]を表す:《しかたない》

iltimos　お願いを表す:《お願いですが》,《すみませんが》

inshoolloh　蓋然性を表す:《神の思し召しがあれば》,《願わくば》

iye　驚きや不満などを表す:《えー》,《うわー》,《そんな》

jim　沈黙を求める掛声:《静かに》,《静粛に》

labbay　相手の呼掛けに対する返事を表す:《はい？》,《何ですか？》

ma 人に物を差し出す際の掛声:《ほら（これを取れ）》
mana 話し手に近い物を聞き手に示す:《ほら（これです）》
mang 敬意を示して人に物を差し出す際の掛声:《はいどうぞ》
marhabo 歓迎を表す:《ようこそ》
marhamat 相手に行為を勧める掛声:《どうぞ》
mayli 了承[同意]を表す:《よろしい》,《構わない》,《わかった》,《オーケー》
maza 満足を表す:《満足だ》,《いいぞ》
ma'qul 了承を表す:《よろしい》,《了解した》
obba ① 称賛を表す:《いいぞ》,《すばらしい》. ② 驚きや嫌悪を表す:《わあ》,《うへえ》
ofarin 称賛を表す:《でかした》,《よくやった》,《いいぞ》
qani 人の注意を促す:《ほら（どれ）》
rahmat 感謝を表す:《ありがとう》
salom 会った時の挨拶語:《こんにちは》,《やあ》
tavba 驚嘆を表す:《おやおや》,《あれまあ》,《何とまあ》
uf 不平不満などの嘆息:《うへえ》
ura 鬨[とき]の声を表す:《ウラー！》,《万歳！》
uzr 詫びを表す:《ごめんなさい》,《堪忍して下さい》,《すみません》
voy 苦痛や興奮,恐れ,驚嘆,怒り,無念さなどを表す:《ああ》,《おお》,《あれまあ》
voydod 人に助けを求める際の叫び声:《ああ助けて》
xayr 別れの挨拶を表す:《さようなら》
xo'p 了解を表す:《よろしい》,《わかった》,《OK》
xo'sh ① 人の注意を引く掛声:《ねえ》,《あのう》. ② 別れる際の掛声:《さようなら》,《バイバイ》
yo olloh 驚きを表す:《おやまあ》,《あらまあ》
yo'q 否定を表す:《いいえ》

4．挿入語

挿入語は，文の成分にはならず，文中で話し手の様々な観点を付け加える副詞の一種である．文中では，よくコンマで区切って綴られる．以下，若干のものを挙げる．

aftidan　その様子から判断すると
albatta　当然，もちろん
ayniqsa　とりわけ
aytaylik　例えば
aytganday　ところで，それはそうと，そう言えば：
aytgancha　そう言えば，ところで，それはそうと
aytmoqchi　ところで，そう言えば
balkim　恐らく
baribir　どのみち同じで，やはり相も変らず，結局同様に
bizningcha　私たちの考えでは
darhaqiqat　実際に，事実，本当に
darvoqe　ところで，そう言えば
ehtimol　多分，おそらく
harholda　とにかく，いずれにせよ
ishqilib　とにかく，いずれにせよ，要するに
jumladan　特に，とりわけ，中でも
masalan　例えば
menimcha　私の考えでは，私見では
seningcha　君の考えでは
sizningcha　あなた（方）の考えでは
toʻgʻrisi　実は，実を言うと
voqean　ところで
yaxshisi　最も良いことは，願わくば
zotan　そもそも，本来

shubhasiz 必ず，疑いなく
chamasi およそ，見当では，見たところ
chunonchi 例えば

5．後置詞

　後置詞とは，英語などの前置詞に対する用語である．前置詞とは逆に，後置詞は名詞類の後に置かれて，その名詞類との様々な文法関係を表示する．
　後置詞は，支配する格によって4つに分類できる．（1）主格支配，（2）属格支配，（3）与格支配，（4）奪格支配である．

（1）主格支配

asosida《…に基づいて》

　　　Matn asosida javob bering. 本文に基づいて答えて下さい．

bilan

① 《…と（一緒に）》

　　　Sherzod do'stlari bilan uchrashdi.
　　　シェルゾドは友達と会いました．

② 《…と》（比較の対象の表示）

　　　Ba'zi mamlakatlarda ayollar erkaklar bilan bir xil ish haqi olmaydilar.
　　　若干の国々では女性たちは男性たちと同じには給料をもらいません．

③ 《…で》(道具や手段の表示)

　　　Cho'mich bilan sho'rvani suzamiz.
　　　私たちは杓子でスープをすくいます．

④ 〔形容詞+lik+〕《…な状態で》（副詞を作る）

　　　U savolga bosiqlik bilan javob berdi.
　　　彼は質問に沈着に返答しました．

⑤ 〔=gani^2+〕（i は所有接尾辞）→ 形動詞 =gan^3；p. 93
⑥ 〔=ishi^2+〕（i は所有接尾辞）→ 動名詞 =ish^2；p. 86

bois《…の理由で》

    Pyesa boshlanishiga koʻp vaqt borligi bois, ular teatrga piyoda borishga qaror qilishdi.

    芝居の始まりにはたくさんの時間があるため，彼らは劇場へ徒歩で行くことに決めました．

boisdan《…の理由で》

    U kasalligi boisdan men bu ishni oʻzim bajarishimga toʻgʻri keldi.

    彼は病気ゆえ私はこの仕事を自分でするほかなくなりました．

boʻyi〔時を表す名詞＋〕《…の全時間的過程を通じてずっと》

    Kun boʻyi divanda uxlaydi.（その猫は）一日中ソファーで寝ます．

boʻyicha

① 《…に基づいて》，《…に従って》

    Biz jadval boʻyicha ketyapmiz.

    私たちはタイムテーブル通りに進んでいます．

② 《…に関して》

    Bu masala boʻyicha yigʻilishda nima deyildi?

    この問題に関して会議では何が言われましたか？

③ 《…中を》

    Muzlagan oyogʻini isitish va ogʻriqqa kirgan aʼzosini harakatlantirish uchun uy boʻyicha kezina boshladi.

    彼は凍えた足を暖めて痛み始めた部位を動かすために家中を歩き回り始めました．

④ 《…を通じた…》，《…部門での》

    Kecha men borgan shifokor yurak kasalliklari boʻyicha mutaxassisdir.

    昨日私が行った医者は心臓病の分野の専門家です．

boʻylab《…に沿って》

    Navoiy koʻchasi boʻylab yuring.

    あなたはナヴォーイー通りに沿って行って下さい．

davomida 《…の間中》,《…の期間を通じて》
　　Suhbat davomida men uning nomi bir necha marta aytilganini eshitdim.
　　会話の中で私は彼の名前が何度か言われたのを聞きました.
+day → +dek
+dek《…のような[に]》
　　Kitob men o'ylaganimdek qiziq emas.
　　その本は私が思っていたようには面白くありません.
etib《…として》
　　U 1369-yilda Turkistonning amiri etib saylandi.
　　彼は1369年にトルキスタンのアミールとして選ばれました.
evaziga《…の代償[引換え]に》
　　Qadim zamonlardan beri o'zbeklar yaxshi xizmat evaziga kishiga to'n va do'ppi kiygizganlar.
　　昔からウズベク人たちは良い仕事の引換えに人に長衣とドッピを着せたのでした.
haqida《…に関して(の)》
　　men haqimda　私について　　siz haqingizda　あなたについて
　　Sizda o'zbekiston tarixi haqida kitob bormi?
　　あなた方(のお店)にウズベキスタン史についての本はありますか?
ishtirokida《…が加わった状態で》
　　Quyidagi so'zlarni o'zbek tiliga tarjima qiling va ular ishtirokida gaplar tuzing.
　　以下の単語をウズベク語に翻訳して下さい. そしてそれらを使った文を作って下さい.
jarayonida《…の過程で》
　　U va ular olmoshlari nutq jarayonida qatnashmayotgan shaxs yoki narsani ifodalaydi.
　　代名詞 u と ular は話の過程で加わっていない個人若しくは物を表します.

jihatidan《…の面で》
    vaqt jihatidan farqlab ifodalash xususiyatlar
    時制の面で区別し表現する諸特性
kabi《…のような》,《…といった》
    Osh tayyorlash uchun guruch, goʻsht, yogʻ, sabzi va piyoz kabi mahsulot-
    lardan foydalaniladi.
    ピラフを作るためには米や肉，油，ニンジン，タマネギのような材料を
    使用します．
maqsadida《…の目的で》
    tirikchilik maqsadida
    生きてゆくために
    bu zerikarli mashgʻulotdan tezroq qutulish maqsadida
    この面倒な仕事から一刻も早く解放されたいために
mobaynida《…の期間を通じて》
    Soʻnggi uch oy mobaynida u oʻzbek tilidan katta muvaffaqiyatlarga erishdi.
    終わりの3カ月間で，彼はウズベク語で大きな成果を達成しました．
munosabati bilan《…に際して》,《…にちなんで》,《…に合わせて》
    1940 yilda rus grafikasiga koʻchish munosabati bilan qabul qilingan imlo
    qoidalari toʻplamida bosh harflarning yozilishi alohida qoidalashtirilgan.
    1940年にロシア文字への移行に際して採用された正書法規則集には大文
    字の書かれ方は，特に規則化されました．
natijasida《…の結果として》
    Bu falokat natijasida avtomobil shikastlandi.
    この事故の結果自動車は破損しました．
nomidan《…を代表して》
    Oilam nomidan sizga tashakkur aytmoqchiman.
    私は我が家を代表してあなたに感謝申し上げたいです．

orqali

① 《…で》,《…によって》,《…を通じて》(道具[手段]を表す)

 Xat oddiy pochta orqali jo'natiladi.

 手紙は普通郵便で送られます.

② 《…を通って》(経由[通過点]を表す)

 Biz Atlantaga Baton Ruj orqali borayapmiz.

 私たちはアトランタへ，バトンルージュ経由で向かっています.

sababli 《…の理由で》

 U yerda hech kim bo'lmaganligi sababli men ketdim.

 そこに誰もいなかったので私は立ち去りました.

sari

① 《…へ向けて》

 yangi g'alabalar sari　新たな勝利に向けて

② 〔=gan(i)³ +〕《…するにつれ》

 Qanchalik balandroq uchganimiz sari Edna o'zini shunchalik yomonroq his qilardi.

 私たちが高く飛べば飛ぶほど，エドナ自身はそれだけ気分が悪く感じるのでした.

sayin《…ごとに》,《毎…に》

① 〔時を表す名詞+〕

 kun sayin　毎日　　　　soat sayin　毎時

② 〔=gan(i)³ / =ish(i)² +〕《…するたびに》,《…するにつれ》

 Men unga yaqinlangan sayin u mendan uzoqlashishga harakat qilardi.

 私が彼女に近づく度に彼女は私から遠のくよう努めるのでした.

sifatida《…として》

 Chingizxon o'zi hayotligida o'g'illari o'rtasida mulk sifatida bo'lib bergan.

 チンギスハンは存命中に息子たちの間で財産として分け与えました.

singari 《…といった》,《…のような》

 Bozorda attorlik, duradgorlik, etikdoʻzlik, qandolatchilik singari turli xil rastalar boʻladi.
 バザールには小間物商，木工職人，ブーツ職人，菓子屋のような様々な出店があります．

+siz 《…なしで》

 Biz shahardan tashqariga sizsiz bormaymiz.
 私たちは郊外にあなたを置いては行きません．
 Nega darsni oʻquv qurollarisiz oʻtmoqdasiz?
 あなたはなぜ授業を教材なしでしているのですか？

tarzida 《…の形式で》,《…として》

 Iltimos, buni oddiy xat tarzida joʻnatsangiz.
 お願いです，これを普通郵便の手紙として送って頂きたいです．

tomon 《…に向かって》

 Metro tomon yuring, soʻng chapga buriling.
 あなたは地下鉄に向かって行って下さい，次に左へ曲がって下さい．

tomonidan 《…によって》

 Maqola ular tomonidan emas, u tomonidan tarjima qilingan.
 記事は彼らによってではなく，彼によって翻訳されました．

tufayli

① 《…の原因[理由]で》,《…によって》

 U yomgʻir tufayli u yoqqa bora olmadi.
 彼は雨のせいでそちらへ行けませんでした．

② 《…のおかげで》

 Maslahatingiz tufayli men muvaffaqiyat qozondim.
 私はあなたの助言のおかげで成功を得ました．

toʻgʻrisida 《…について》,《…に関して》

 Chigʻatoy atamasi toʻgʻrisida u nima deb yozgandi?
 チャガタイという用語に関して，彼は何と書きましたか．

ustida《…に関して》
> Uning bu muammo ustida ko'p yillar ishlaganligini odamlar biladi.
> 彼がこの問題に関して長年働いたことを人々は知っています.

uzra《…の上面[上方]に》
> Stadion uzra ko'tarilgan bayroqlar shamolda hilvirardi.
> スタジアム上に揚げられた複数の旗は風に翻るのでした.

uchun 目的や原因・理由, 対象を表す（指示代名詞 bu, shu, u（単数形のみ）は属格支配）

① 《…のために》
　(1) 〔名詞＋〕：《…のため（の／に）》
> Bu boshlovchilar uchun o'zbek tili darsligi.
> これは初心者のためのウズベク語の教科書です.
> Bu mahsulot uchun xaridor necha pul to'ladi?
> この産品に買い物客はいくら払いますか？

　(2) 〔=ish(i)^2 / =moq(i)＋〕：《…するため（の／に）》
> Dam olish uchun qayerga boradilar?
> 休息をとるために彼らはどこへ行きますか？
> Sulton eski uyni buzdirmoq uchun mardikor olib kelishga ketdi.
> スルトンは古い家を取り壊すために日雇い労働者を連れに行きました.

　(3) 〔=maslik(i)＋〕：《…しないため（の／に）》
> U meni kutmasligi uchun, men unga darhol qo'ng'iroq qilaman.
> 彼が私を待たないように, 私は彼に直ちに電話します.

② 〔=gani^3＋〕《…したので》：原因を表す
> U kechki ovqatini yedi, gazetani o'qidi va charchagani uchun joyiga yotdi.
> 彼は晩ご飯を食べ, 新聞を読み, 疲れたので床に横たわりました.

③ 対象を表す：《…にとって》
> Bu men uchun juda qulay.
> これは私にとってとても簡単です.

④ 理由を表す:《…ゆえに》

  Xatingiz uchun katta rahmat.
  お手紙をどうもありがとう．
  Kech qolganim uchun kechirasiz!
  私が遅れたことをご容赦下さい！

vositasida《…の手段によって》

  Kraxmal vositasida yuvilsinmi yoki kraxmalsiz yuvilsinmi?
  洗濯糊を加えて洗いますか，もしくは洗濯糊なしで洗いますか？

xususida《…に関して》

  Men bu masala xususida sizga bir narsa aytmoqchiman.
  私はこの問題に関してあなたに１つ言いたいことがあります．

yordamida《…の助けで》

  Qaysi transport turi elektr toki yordamida yuradi?
  どの交通機関の種が電流の手助けで走りますか？

yo'li bilan《…による手法で》,《…によって》

  Hashar yo'li bilan qanday ishlar amalga oshirilgan?
  互助によってどのような事業が実現されましたか？

yuzasidan《…の面で》

  EKSPERT : biror masala yuzasidan tekshirish o'tkazib, qat'iy xulosa chiqaruvchi mutaxassis
  エキスパート：何らかの問題に関して調査を行い，しっかりとした結論を出す専門家

o'laroq《…として》

  O'zbek tilidagidan farqli o'laroq, ingliz tilida yillarni ifodalovchi raqamlar tartib son kabi emas, balki sanoq son kabi o'qiladi.
  ウズベク語のものとは異なる点として，英語では年を表す数詞は序数詞のようにではなく，むしろ基数詞のように読まれます．

o'rnida《…の代りに》
    Meri samolyot o'rnida avtobusda ketishni yoqlab turib oldi.
    メリーは飛行機の代りにバスで行くのを主張しました．

o'rniga《…の代りに》
    Xatni o'zi yozish o'rniga, u do'stidan xat yozib berishni so'radi.
    手紙を彼自身が書く代りに，彼は友達に手紙を書いてくれるように頼みました．

+cha
① 《…によると》
    Bilishimcha, eng yaxshi qurol siz aytganingizdek, bu matbuot.
    私の知るところによると，最良の武器はあなたが言ったように，これは活字メディアです．
② 〔=gan(i)cha³〕→ 完了形動詞（ハ）⑧

（2）属格支配

uchun《…のために》（指示代名詞 bu, shu, u（単数形のみ）につき）→ 主格支配の uchun も参照のこと．
    Bugun palov pishiramiz, shuning uchun bizga sabzi kerak.
    今日私たちはピラフを作ります．そのため[理由で]，私たちにはニンジンが必要です．

o'rnida《…の代りに》→ 主格支配を参照のこと
o'rniga《…の代りに》→ 主格支配も参照のこと
    Yashil qalamning o'rniga menga qizilini bering.
    緑の鉛筆の代りに私に赤を下さい．

（3）与格支配

asosan《…に基づいて》
    buyruqqa asosan　命令に基づいて

binoan《…に基づいて》
>1932-yili, hukumat qaroriga binoan, poytaxt Toshkent shahriga ko'chiriladi.
>1932年に政府の決定に基づいて首都はタシケント市に移されます．

ko'ra《…によると》,《…に鑑み》,《…に応じて》
>Ba'zi tarixiy manbalarga ko'ra, asrlar davomida bozor turli nomlar bilan atalgan.
>若干の歴史資料によれば，何世紀もの間，当該バザールは様々な名前で呼ばれました．

mansub《…に属する》
>Har bir so'zning oldida, bu so'z qaysi so'z turkumiga mansub ekanligini ko'rsatib beradigan qisqartma qo'yilgan.
>各単語の前にこの単語がどの品詞に属するのかを示す略語が付けられました．

muvofiq《…に従って》,《…に則って》
>U bizning ko'rsatmamizga muvofiq harakat qilmadi.
>彼は私たちの指示通りに行動しませんでした．

nisbatan
① 《…に対して》,《…に関して》
>U menga nisbatan do'stona munosabatda.
>彼は私には友好的な関係にあります．

② 《…に比して》
>U hozir o'zbek tilida bulturgiga nisbatan yaxshiroq gapiradi.
>彼は今，ウズベク語で去年に比べて上手に話します．

oid《…に関する》,《…に関係する所の》
>tarixga oid kitoblar　歴史に関する書籍

qadar《(時間[空間]的に)…まで》（アクセントは与格に置かれる）
① 〔名詞+ga³+〕
>Men matnni soat 5 ga qadar ko'chirib bo'lishimni aytdim.
>私はテキストを私が5時までに写し終えることを告げました．

② 〔=gun(i)ga³ +〕

 Chet tillar institutiga kirgunga qadar siz qaysi chet tilini o'rgangansiz?
 外国語大学に入る前に，あなたはどんな外国語を学びましたか？

qarab
① 《…へ向かって》

 Bo'ri o'rmonga qarab qochibdi va boshqa qaytib kelmabdi.
 オオカミは森へ向って逃げ去り，二度と帰ってこなかったとさ．

② 《…に応じて》,《…を見て》

 Ma'nosiga qarab kerakli o'zgartishlar kiritishni unutmang.
 意味に応じて必要な改変を行うことを忘れないで下さい．

qaraganda 《…に比べると》

 Toshkentga qaraganda Samarqand chiroyliroq.
 タシケントに比べるとサマルカンドはより美しいです．

qaramasdan 《…にもかかわらず》

 Hamma qiyinchiliklarga qaramasdan biz ishni o'z vaqtida tugatdik.
 あらゆる困難にもかかわらず，私たちは仕事を時間通りに終えました．

qaramay 《…にかかわらず》

 Vaqti yo'q bo'lishga qaramay, u keladi.
 時間がなくても彼は来ます．

qarata 《…に向けて》

 Rasmiy vakil o'tirganlarga qarata mikrofon orqali murojaat qildi.
 公式代表は座っている人たちに向かってマイクを通じて呼掛けを行いました．

tomon 《…に向かって》(→ 主格支配の tomon)

 U dengizga tomon borayotgan edi.
 彼は海へ向かって行っているのでした．

o'xshab 《…のように》

 Otamga o'xshab yaxshi hisobchi bo'lsam deyman.
 私の父のように素晴らしい会計士になれたらと思います．

o'xshash《…のような[に]》

    Koka-kola, sprayt va shunga o'xshash gazli ichimliklar ham bor.
    コカコーラやスプライト，そしてそれと同様な炭酸飲料もあります．

（4）奪格支配

avval《…より先[前]に》

    Toshkentdan avval Samarqandga boramiz.
    私たちはタシケントより先にサマルカンドへ行きます．

beri《…以来》,《…このかた》

    U kelganidan beri bir qator ham xat yozmadi.
    彼は来て以来，一行も手紙を書きませんでした．

boshqa《…以外に》

    Men uning bundan boshqa barcha romanlarini o'qiganman.
    私は彼のこれ以外の全ての長編小説を読みました．

burun → avval

buyon《…以来》,《…このかた》

    Men iyundan buyon u haqda eshitganim yo'q.
    私は6月以来それについて聞いていません．

e'tiboran《…から》,《…以来》

    birinchi maydan e'tiboran
    5月1日から

ilgari《…より前に》

    Ovqatdan ilgari qo'lingni yuvdingmi?
    食事の前に君は手を洗いましたか？

keyin《…より後に》

    Ikki haftadan keyin O'zbekistonga qaytadilar.
    彼らは2週間後ウズベキスタンへ帰ります．

ko'ra

① 《…に比して》,《…に比べると》

　　CHUCHVARA ： ichiga qiyma solib tugilgan, mantidan ko'ra maydaroq xamir ovqat.

　　チュチワラ：その中に挽き肉を入れ包まれた，マンティよりも小さめの練り粉食品

② 《…よりも》

　　Men choydan ko'ra kofeni afzal ko'raman.

　　私はお茶よりもコーヒーを好みます。

oldin 《…より前に》

① 〔名詞+dan +〕

　　Men u yerga tushlikdan oldin boraman.

　　私はそこに昼食前に行きます。

② 〔=ish² +dan +〕

　　Ko'chadan o'tishdan oldin to'xtash kerak.

　　通りを渡る前には立ち止まる必要があります。

qat'inazar 《…であるかにかかわらず》

　　qaysi dindaligidan qat'inazar

　　彼がどんな宗教を信じているかにかかわらず

qat'iy nazar → qat'inazar

so'ng 《…の後》

　　U tushlikdan so'ng o'ynaydi.　彼は昼食後に遊びます。

tashqari

① 《…以外に》,《…に加えて》

　　Choydan tashqari yana nima bor?

　　お茶のほかにまた何がありますか？

② 《…を除いて》

　　U ingliz tilidan tashqari birorta ham chet tilini bilmaydi.

　　彼は英語を除いて1つも外国語を知りません。

6．助詞類

　助詞とは，語句や文の後に添えられて用いられる，活用しない付属性の語彙類である．現れる位置から見れば，文中で語句に添えられて用いられる「文中助詞」と，文末で用いられる「文末助詞」に大別される（若干のものは，文中にも文末にも現れる）．綴り方も，前の語と離して綴るものと，くっつけて綴るものがある．くっつけて綴るものにも，ハイフンを使うものと使わないものなどがあり，様々である．

　以下，（1）人称助詞，（2）助動詞，（3）その他の助詞，の順にウズベク語の助詞類を述べる．

（1）人称助詞

　人称助詞とは，人称を表示する文末助詞である．《（私は）…です》，《（君は）…です》，《（あなた方は）…です》等の意で用いられる．一・二人称が主語となる文では，人称代名詞は省略されても，通常人称助詞は省略できない．

① 名詞類・不変化詞類人称助詞

　名詞類・不変化詞類人称助詞は，通常，未完了・完了副動詞以外で終止する文末で用いられる，人称を表示する終助詞である．

●名詞類・不変化詞類人称助詞

人称	数	単数	複数
一人称		+man	+miz
二人称	親称	+san	+siz(lar)
	敬称	+siz	
三人称		———	+(lar)

　＊+san《君は…です》の規則的に作った複数形は +sanlar《お前らは…である》であるが，粗野な語気を有する．

名詞類・不変化詞類人称助詞の用法

(1) 一・二人称に関わる文の文末で，人称助詞は原則省略されない．

  Uning singlisini parkda uchratgan men<u>man</u>.
  彼の妹に公園で会ったのは私です．

  Opam va men talaba<u>miz</u>.
  私の姉と私は学生です．

  Sen necha yoshda<u>san</u>?
  君は何歳ですか？

  Biz bu xonada ishlashimizga qarshi emasmi<u>siz</u>?
  私たちがこの部屋で働くことにあなたは反対ではありませんか？

(2) 複数接尾辞 +lar の付け方．

 1）+lar は，必要に応じて付けられる（個々を示したい時など）．

  Bola<u>lar</u> uyning ichida.
  子供たちは家の中にいます．

  U<u>lar</u> qanday aqlli odam<u>lar</u>!
  彼らは何と賢い人たちでしょう！

 2）敬意を表す場合に付けられる．

  Onam hayot<u>lar</u>, otam olamdan o'tgan<u>lar</u>.
  私の母は存命です，父は他界しました．（← 私の母は存命でいらっしゃいます，父は他界なさいました）

  Ikkinchi opam hali turmushga chiqmagan<u>lar</u>.
  私の2番目の姉はまだ未婚です．（← 私の2番目の姉はまだ未婚でいらっしゃいます）

② 副動詞人称助詞

 副動詞人称助詞は，基本的に未完了副動詞と完了副動詞の2つの副動詞の文末述語用法で用いられる人称助詞である．

 完了副動詞（=ib^2）の三人称形を，有声子音bと有声子音dでセットにして綴るⅠ型と，口語音的にbを無声子音pで綴り無声子音tとセットにしたⅡ型がある．

(1) 副動詞人称助詞 I 型

●副動詞人称助詞 I 型

人称\数		単数	複数
一人称		+man	+miz
二人称	親称	+san	+siz(lar)
	敬称	+siz	
三人称		+di	+di(lar)

＊+san《君は…です》の規則的に作った複数形は +sanlar《お前らは…である》で，粗野な語気を有する．

副動詞人称助詞 I 型の用法

1）一・二人称に関わる文の文末で，人称助詞は原則省略されない．

　　Qanday ahmoqona xatolar qilib<u>man</u>!

　　私は何てバカな間違いをしてしまったのか！

　　Biz Toshkentga tez-tez borib tura<u>miz</u>.

　　私たちはタシケントへ頻繁に行きます．

　　Mening soatim to'xtab qolib<u>di</u>. 私の時計は止まってしまいました．

2）複数接尾辞 +lar の付け方．

　a）+lar は，必要に応じて付けられる．

　　Ertaga ishlaysiz<u>lar</u>mi?

　　あなた方は各々明日仕事をしますか？

　　Uning ota-onasi u bilan turishadi.

　　彼の両親は彼と一緒に暮らします．

　b）+lar は，敬意を表す場合に付けられる．

　　Karim aka shu yerda ishlaydi<u>lar</u>.

　　カリム兄はここで働いています．（← カリム兄はここでお働きです）

(2) 副動詞人称助詞 II 型（〜「+yap 人称助詞」）

副動詞人称助詞 II 型は，通常次項で述べる助動詞 +yap（p.153）で安定的

に用いられる人称助詞である．

●副動詞人称助詞Ⅱ型

人称 \ 数		単数	複数
一人称		+man	+miz
二人称	親称	+san	+siz(lar)
	敬称	+siz	
三人称		+ti	+ti(lar)

＊実用の上では，時に +ti を +di で綴ったものも見受けられる．

副動詞人称助詞Ⅱ型の例

 Siz kelasi hafta Nukusga ketyapsizmi?
 あなたは来週ヌクスへ行く予定ですか？
 U soat beshlik poyezd bilan jo'nayaptı.
 彼は5時の列車で発とうとしています．
 Ular muhokama qilyaptilar.
 彼らは討論しています．

なお，+yap 以外でこのⅡ型が使われるのは，完了副動詞由来の b を，口語音的に p で綴った時である．例えば，4つの助動詞 turib, yotib, yurib, o'tirib の語末を p で綴った場合や，動詞 bo'l=《なる》(bo'lib / bo'p), kel=《来る》(kelib / kep), ol=《取る》(olib / op), qol=《残る》(qolib / qop) 等の完了副動詞の口語的短縮形において，b を p で綴るような場合がある．

 U o'lib yotipti. 彼は死んで横たわっています．
 U ko'mir cho'kichlab o'tiripti.
 彼は石炭をツルハシで割って座っています．
 Himm... oxiri men aytgandek bo'pti, ko'rdingmi?
 ふむ，結局私が言ったようになったよ，君は見たかい？
 Ha, tinchlikmi, ko'zlaring ko'pchib qopti.
 ねえ，大丈夫ですか？君の両目は腫れてしまっていますよ．

(2) 助動詞

助動詞とは,「動詞由来の助詞(終助詞)」である.ウズベク語には人称助詞の違いによって3つに分類できる.以下6つ(2類のものには,相動形が1つずつ)が見られる.

- 1.　　+yap
- 2.1.　turib
- 2.2.　yotib
- 2.3.　yurib
- 2.4.　o'tirib
- 3.　　+yotir

これらは全て進行を表す4つの補助動詞 tur=《(立って)いる》,yot=《(横たわって)いる》,yur=《(動いて)いる》,o'tir=《(座って)いる》からの派生語である(1,2は完了副動詞(=ib^2)に由来し,3は見込形動詞(=ar^2)に由来すると考えられる).他の語の後に置かれて,基本的に全て発話時点における今現在の様を描写する.

1. +yap

+yap は現在を表す最も多用される助動詞である.来源は,yot=《横たわる》の元々の音形である *yat=* の完了副動詞形 *yatib* 〜 *yatip*(cf.yotib)から,*ti* が脱落して yap となったものである.

+yap は常に主動詞の後に付けて綴られる.動詞語幹が母音終わりの場合は直接,子音終わりの場合は,直接か,a(未完了副動詞)を挟んで付加する.

Ⓐ	母音終わりの動詞語幹の後	+yap
Ⓑ	子音終わりの動詞語幹の後*	=(a)yap

＊語幹が -y に終わる動詞の場合,1つ y を脱落して綴られる事例も見られる.

　　quy=《注ぐ》+ +yap　→ quyyap 〜 quyap

qo'y=《置く》+ +yap → qo'yyap 〜 qo'yap

+yap に付加される人称助詞は，前述の副動詞人称助詞Ⅱ型（〜「+yap 人称助詞」）である．

+yap の用法

① 《(今)…している》

U kostum kiy*yap*ti.
彼はスーツを着ている最中です．
Soat o'n daqiqa orqada qol*yap*ti.
時計が10分遅れています．
Biz yettinchi darsni o'rgana*yap*miz.
私たちは第7課を学んでいます．
36-betdagi masalalarni yecha*yap*sizlarmi?
36ページにある問題をあなた方は今解いていますか？
Men o'zimni uncha yaxshi his qilma*yap*man.
私は気分があまり良くありません．
Men lug'atimni hech qayerdan topa olma*yap*man.
私は私の辞書をどこからも見つけられないでいます．

② 《(今後)…するつもりである》

Men hozir darsga bora*yap*man.
私は今授業に行くつもりです．
Siz ertaga ertalab ket*yap*sizmi?
あなたは明日朝発ちますか？
Poyezd bir necha daqiqadan keyin jo'na*yap*ti.
列車は数分後に出発しようとしています．
Samolyot 15 daqiqadan keyin Toshkentga qo'na*yap*ti.
当機は15分後タシケントへ着陸します．
U ertaga kechqurun meni ko'rgani kel*yap*ti.
彼は明日の晩私に会いに来ます．

なお，インターネット上では時に yap に gan（完了形動詞語尾）の付いた

形式 =(a)yapgan も見られる．意味用法は =(a)yotgan《(今)…している》と同じで，yot と yap を混淆させた口語形式と見られる．

  Kechirasiz, siz izlayapgan so'z topilmadi.
  すみません．あなたがお探しの単語は見つかりませんでした．
  Ertalab tursam, qor yog'yapgan ekan.
  私が朝起きると，雪が降っているのでした．

2．turib, yotib, yurib, o'tirib

これら4つの助動詞は，由来となった元の動詞の意味をある程度保存しながら，現在の意味を表す（ただし，見かけ上，発見・伝聞を表す完了副動詞の文末用法と同形となるので，文脈に応じた解釈が必要である）．また，それぞれの動詞語根に =ish= が付いた相動形を有する．人称標識は，副動詞人称助詞I型である．

2.1. turib（相動形 turishib）

tur=《(立って)…している》に由来する助動詞である．

turib の用法

① 〔turib+人称助詞〕

 (1) 立っている様を表す．

  Hozir qayerda turibsizlar?
  あなた方はどこに（立って）いますか？

 (2) 存在［滞在］を表す．

  Mening xonamning o'rtasida stol turibdi.
  私の部屋の真ん中に机があります．
  Pul qayerda turibdi? — U yozuv stolida.
  お金はどこにありますか？— それは書斎机にあります．
  Men bu yerda iyundan beri turibman va bu yerda sentabrgacha bo'lmoqchiman.
  私はここに6月以来滞在しています．そしてここに9月までいるつもりです．

② 〔=ib² turib+人称助詞〕
  (1) 立って…している様を表す．
      Sizni kimdir pastda kutib turibdi.
      あなたを誰かが階下で待っています．
  (2) 継続[持続]を表す．
      Yulduzlar charaqlab turibdi.
      星々がきらめいています．
      Bu yerda 300 dan ziyod yirik va o'rta korxonalar, 1500 ga yaqin qo'shma korxona va firmalar ishlab turibdi.
      ここでは300以上の大中企業や，1500近い関連企業や会社が操業しています．

2.2. yotib（相動形 yotishib）

yot=《(横たわって）…している》に由来する助動詞である．

yotib の用法

① 〔yotib+人称助詞〕
  横たわっている様を表す．
      Qizlar ichkarida yotishibdi.
      娘たちは中で横たわっています．
      Stol ustida nima yotibdi?
      机の上には何がありますか？

② 〔=ib² yotib+人称助詞〕
  横たわって…している様を表す．
      Mardikorlar ishlash o'rniga yonboshlashib yotishibdiku?
      日雇い労働者たちは働く代わりに皆横たわっているじゃないか？

2.3. yurib（相動形 yurishib）

yur=《(動いて）…している》に由来する助動詞である．

yurib の用法

① 〔yurib+人称助詞〕
      （日常）活動している様を表す．

Eson-omon yuribsizlarmi?
あなた方はお元気でお過ごしですか？
Onangiz, otangiz yaxshi yurishibdimi?
あなたのご両親はお元気でお過ごしですか？

② 〔=ib² yurib+人称助詞〕

（日常）…して活動している様を表す．

U hali ham o'ziga muvofiq ish topa olmay qiynalib yuribdi.
彼はいまだもって自分に適した仕事が見つけられず苦しんで暮らしています．

2.4. o'tirib（相動形 o'tirishib）

o'tir=《（座って）…している》に由来する助動詞である．

o'tirib の用法

① 〔o'tirib+人称助詞〕

座っている様を表す．

O'rindiqning chap tomonida bir erkak o'tiribdi. U uxlayapti.
椅子の左側に１人の男性が座っています．彼は眠っています．

② 〔=ib² o'tirib+人称助詞〕

座って…している様を表す．

Hozir ham o'sha yerda shahmat o'ynab o'tiribdi.
彼は今もその場所でチェスをして座っています．

3．+yotir

+yotir《…している》は，+yap や yotib 同様 yot=《（横たわって）いる》に由来する助動詞である（しかし，横たわるという原義はほとんど保持していない）．

+yotir は常に主動詞の後にくっつけて綴られる．動詞が母音終わりの場合は直接付加され，子音終わりの場合は，直接か，もしくは a（未完了副動詞）を挟んで付加する．

Ⓐ	母音終わりの動詞語幹の後	+yotir
Ⓑ	子音終わりの動詞語幹の後	=(a)yotir

なお，+yotir に付加される人称助詞は，名詞類・不変化詞類人称助詞である．

＊助動詞中唯一 +yotir が名詞類・不変化詞類人称助詞をとる理由は，+yotir の語末の ir が，本書で言う見込形動詞（=ar²）に由来するからと考えられる．ウズベク語の他の助動詞が全て完了副動詞（=ib²）に由来するのとは対照的に，同じ動詞から派生しても，例えばキプチャク方言に分類されるカザフ語の4つの助動詞（жатыр, жүр, отыр, тұр）は，全てこの形動詞に由来する．よって，+yotir も元来このような別の方言に由来するものであろう．

+yotir の用法

〇《(今)…している》

 Kinoteatrda yangi film borayotir.
 映画館では新しい映画が上映されています．
 Mo'ridan buruqsab tutun chiqayotir.
 煙突からもくもくと煙が出ています．
 Asrlardir chang bosib yotgan kitoblar bugun ham o'qilmayotir.
 何世紀にもわたって埃に覆われてきた本は今日も読まれずにいます．
 Xorazm irrigatorlari bu Amudaryoning quyi oqimida yangi-yangi shoxobchalar bunyod etayotirlar.
 ホラズムの灌漑技師たちはこのアムダルヤ河の下流域に複数の真新しい支流を造っています．
 Eski zamonda bir shoir yo'lda borayotir edi.
 昔，1人の詩人が道を歩いていました．

（3）その他の助詞

以下，その他の助詞をアルファベット順に示す．

-a² (-a / -ya)［確認助詞］《…だよね？》(-a は子音終わりの語に，-ya は母音終わりの語に付ける)：文末で，話者の発言に対する聞き手の同意を確認する．

 Bugun kinoga boramiz-a?
 今日私たちは映画に行くよね？
 Qoʻgʻirchoq ekan. Bolaga oʻxshaydi-ya?!
 人形だ．子供そっくりだね？！

-da（時に +da とも）
① ［強調助詞］
 (1)《…も》：強調を表す．
  Sen-da odam, sen-da insonsan.
  お前は人だ，お前は人間だ．
  Davolanish u yoqda tursin, doktorlarga koʻrsatishni-da istamaydi.
  彼は治療どころか医者に診察してもらうのも望みません．
 (2)《…だよ［ね］》：文末で強調を表す．
  Men shunaqa eski kinolarni yaxshi koʻraman-da.
  私はこのような古い映画を好むんですよ．
 (3)〔=sa+〕《…しても》：譲歩を表す．
  U ellikdan oshgan boʻlsa-da, chiroyini saqlab qolgan.
  彼女は50才を超えてもその美しさを保っていました．
② ［接続助詞］《(…し) そして ((すぐ) …する)》：動作発生の順序を表す．
  Kitobni oldi-da oqiy boshladi.
  彼は本を取ると読み始めました．

+da → -da

+dir（時に +dur とも）
① 《…である》：断定を表す．
  Oʻzbek tili oʻzbek xalqining milliy tilidir.
  ウズベク語はウズベク人の民族語である．

Fonetika tilshunoslikning bir qismidir. 音声学は言語学の一部です．

② 〔=gan³＋〕
  (1) 〔=gan³＋〕:《…しただろう》

    過去推量を表す．

    Men bu filmni koʻrganim yoʻqdir.

    私はこの映画を見たことはないようです．

  (2) 〔=yotgan＋〕:《…しているだろう》

    現在推量を表す．

    Agar u shu yerda boʻlsa, ehtimol u kutubxonada ishlayotgandir.

    もし彼がここにいれば，多分図書館で働いているだろう．

③ 〔疑問詞（+格語尾）＋〕《不特定の，何らかの，…だか（の）》：不定代名詞を形成．疑問形容詞や疑問代名詞の属格形は，+dir を挟んで名詞を修飾する．

    Men kimningdir ruchkasini topib oldim.

    私は誰かのペンを見つけました．

ekan［発見・伝聞助詞］（+kan, +ykan, +kin とも）

① 《…なんだ》：文末に置いて，自己の経験した事柄に対する発見や詠嘆を表す．疑問文は，自他へ向けて，その疑問に対する相談を持ちかけるニュアンスを表す．

    Chiroyli ekan!

    美しい！

    Uni sugʻurish shartmikan?

    それ（虫歯）は絶対抜かなければいけませんか？

    Nima boʻldiykan-a?

    何が起こったんだろうね？

    Bolaligimda koʻp oʻynagan koʻchalarimni taniy olarmikinman.

    私が子供の頃たくさん遊んだ私の通りを，私は認識できるだろうか．

② 《…なんだって》,《…だとさ》：文末に置いて，他者からの伝聞による発見と，自他への伝達を表す．

  Sevara ham onasi bilan u yerga borgan ekan.
  セヴァラもお母さんとその場所へ行ったそうです．
  Bir bogʻbonning uch oʻgʻli bor ekan. Ular dangasa va ishyoqmas ekanlar.
  ある園丁には３人の息子がいたとさ．彼らは無精で怠け者だったとさ．

③ 〔＝ar² ＋〕：《…する際中に》→ ＝ar²；p. 102
  Stansiyaga borar ekanman yomgʻir yogʻa boshladi.
  私が駅に行く最中，雨が降り始めました．

emas［否定助詞］《…ではない》（+mas とも）：文末に置いて否定を表す．

  Mening oilam uncha katta emas.
  私の家族はさほど大きくありません．
  U juda band emas, shunday emasmi?
  彼はさほど忙しくない，そうではありませんか？
  Men oʻqituvchi emasman, men talabaman.
  私は先生ではありません．私は学生です．

emish［発見・伝聞助詞］（+mish とも）

① 《(実は) …なんだ》：文末に置いて，自己の経験した事柄に対する発見を表す．

  Kecha men tush koʻrdim. Tushimda sen Isroilga ketgan emishsan.
  ゆうべ私は夢を見ました．私の夢で君はイスラエルに行っていましたよ．

② 《(実は) …なんだそうだ》：文末に置いて伝聞を表す．

  Bishkekga joʻnarmishsiz. Nimaga menga bildirmaysiz?
  あなたはビシュケクへ向かうそうですね．なぜ私に知らせないのですか？

esa［取立助詞］《…はどうかと言うと》

  並列した事柄を述べる文の，２番目（以降）でトピックを取り立て，話題がそちらに移ることを表す．

Otam shifokor bo'lib ishlaydi, onam esa maktabda o'qituvchi.
私の父は医者として働いています。母はと言うと学校で教師です。

+gina³（+gina / +kina / +qina）［限定助詞］：語末に付す。

① 《…だけ》,《…のみ》：限定を表す。

bitta<u>gina</u> たった1つだけ

Men ertalabki soat to'rtda<u>gina</u> uxlab qoldim.
私は朝4時にやっと眠れました。

Men uni hozir<u>gina</u> ko'rdim.
私は彼に今始めて会いました。

② 《とても…》：強調を表す。

Magazinda ko'p<u>gina</u> paltolar bor.
店にはとてもたくさんのコートがあります。

ham［強調助詞］

① 《…も》：強調を表す。

Agar siz bormasangiz, men <u>ham</u> bormayman.
もしあなたが行かなければ、私も行きません。

Bog'imizda olma <u>ham</u>, uzum <u>ham</u>, anor <u>ham</u> pishdi.
私たちの果樹園ではリンゴもブドウもザクロも熟しました。

U hali <u>ham</u> kasalmi?
彼はいまだに病気ですか？

Kulmaydi <u>ham</u>, yig'lamaydi <u>ham</u>.
彼は笑いも泣きもしません。

② ［=sa+］：《…しても》：譲歩を表す。

U oxirida boshlagan bo'lsa <u>ham</u>, birinchi bo'lib tamomladi.
彼は最後に始めたが一番目に終えました。

hamda［接続助詞］《そして》,《および》,《なおかつ》

Mollar quritilib hamda navlarga ajratilgach omborga joylandi.
品物は乾燥され、なお且つ種類分けされてから、倉庫に置かれました。

+kan → ekan

+ki［関係接続助詞］：主文末に付いて，+ki 以下に説明文を導く.

① 《(以下のことを)…する（すなわち）》

   Umid qilamanki yo'qolgan uzugingiz topiladi.
   私は無くなったあなたの指輪が見つかることを希望します.

② 〔shunday(/ shunchalik / shu qadar)～+〕《とても…なので / だったので》

   Men shunchalik qo'rqdimki, javob bera olmadim.
   私はとても怖かったので，答えられませんでした.

+kin → ekan

-ku（時に +ku とも）［喚起助詞］

① 《…だよ》，《…じゃない》：文末に置いて，聞き手の注意を喚起する.

   Voy, qimmat-ku!
   うわあ，高いじゃないか！

② 《…はね》：前の語を取立てて強調する.

   Dilshod uning ismini bilmasdi, uning manzilini-ku aytmasa ham bo'ladi.
   ディルショドはその人の名前を知りませんでした．その人の住所はね言うには及びません.

+ku → -ku

+mas → emas

+mi［疑問助詞］《…か？》：疑問代名詞を用いない疑問文の文末で，疑問の語気を表す.

   Bolalar ularga yordam beradilarmi?
   子供たちは彼らに手伝いをしますか？

   Ikki kilogramm karam qimmatmi yoki bitta tarvuz?
   2kg のキャベツの方が高いですか，それとも1個のスイカですか？

+mish → emish

+oq² (+oq / +yoq)［強意助詞］《…や（ただちに）》：+oq は子音終わりの語に，+yoq は母音終わりの語に付ける.

   Sen hoziroq Dilshod bilan gaplashib olishing kerak.
   君は今すぐディルショドと話し合う必要があります.

Ishni tugatiboq uyga ketdim.

私は仕事を終えたらすぐ帰宅しました．

Kecha darslar soat uchda tugadi va chorakta kam toʻrtdayoq uyda boʻldim.

昨日授業は3時に終わり，私は4時15分前にはすでに家にいました．

-u² (-u / -yu) 〜 (+u / +yu) ［接続助詞］：-u / +u は子音終わりの語に，-yu / +yu は母音終わりの語に付ける．

① 《…と…》：等位接続を表す．

adlu insof 公正と公平

Keksa-yu yosh oʻz ona shahrini himoya qilishdi.

老人も若者も自分の母なる都市を防衛しました．

② 《…だが…》：逆接を表す．

Borgin-u, izingga qayt.

君は行きな，そしてそのまま帰って来い．

Uning bolasi boʻyi baravar boʻlib qolibdiyu hali ham qizlarning orqasidan yugiradi.

彼の息子は背が彼と同じくらいになったが，まだ相変わらず女の子の後ろについて走ります．

va［等位接続助詞］

① 《…と…》，《…であり…》：名詞類同格語を並列する（3つ以上の同格語の並列には，va は最後に置く）

Sinfimiz katta va shinam.

私たちの教室は大きくて快適です．

Bozorga Toshkentdan, viloyatlardan va qoʻshni respublikalardan ham xaridorlar kelishadi.

バザールへはタシケントから，各州から，近隣の共和国からも買い物客が来ます．

② 《…して（…する）》：動詞性述語を順接し，行為の行われる順序を示す．

　　　Metrodan chiqing va to'g'riga yuring.
　　　あなたは地下鉄を出て下さい，そして真っ直ぐ行って下さい．
　　　U mehmonxonadan chiqdi, taksi oldi va teatrga jo'nadi.
　　　彼はホテルから出てタクシーを拾って劇場へ向かいました．

xolos［文末限定助詞］《ただそれだけだ》：文末でコンマで区切って綴る．

　　　Xona ko'zimga bo'sh ko'rindi：ikki stol va oraliqda kitob javoni bor edi, xolos.
　　　部屋は私の目にはがらんとして見えた：2つの机とその間には本棚があった，ただそれだけです．

-ya　　→　-a²
+ykan　→　ekan
+yoq　→　+oq²
-yu　　→　-u²
+yu　　→　-u²

shekilli［推量助詞］：《…のようだ》：文末でコンマで区切って綴る．

　　　Fotoapparatimni teatrda qoldirganman, shekilli.
　　　私はカメラを劇場に置いてきてしまったようです．

-chi［催促助詞］

① 《…はどうなのか》：文末で催促や強調，提起を表す．

　　　Akang o'quvchimi? — Ha. — Singling-chi?
　　　「君のお兄さんは生徒ですか？」「はい．」「君の妹はどうなの？」

② 《…しなよ》：動詞の命令形に付けて，催促や提起を表す．

　　　Qani bir ko'raylik-chi?
　　　どれ，私たちは1つ見ましょう．

+chi　→　-chi

chog'i［推量助詞］：《…のようだ》：文末でコンマで区切って綴る．

Bu yil qurg'oqchilik bo'ladi, chog'i.
今年は旱魃になるようだ.

語彙集

① 本語彙集には，本書内の全ての語彙を掲載した．
② 名詞における所有接尾辞付加上の不規則形は，以下のように記した．
　(1) 主に三人称(単数)形（III.）を代表させた．例；og'iz　(III.og'zi)　口
　(2) 語幹に y (〜 i) が現れるものは，(y)を付けて見出しとした．
　　例；avzo(y)　表情
　(3) 一・二人称所有接尾辞の付加の際に，不規則語幹を使うものは，(I/II. -+)として語幹を示した．例；singil　(I/II.singli+, III.singli(si))　妹
③ 動詞は基本的に不定形（=moq）で記載した．

A

-a² 〈-a / -ya〉…だよね
abad　永遠
abadiy　永遠の
abadulabad　永久に
adl　公正
adyol　毛布
afsona　伝説
afsonaviy　伝説上の
afsus　残念
aftidan　その様子から　判断すると
afzal　よりましである：~ ko'rmoq より好む
Afshona　〈地名〉アフショナ
agar　もし，仮に
ahamiyat　意義：~ bermoq 重視する
ahil-inoq　仲良くむつまじい
ahl　住民，住人
ahmoq　馬鹿な
ahmoqona　馬鹿然とした
ahvol　状態，状況
ajablanarli　驚くべき
ajablanishmoq　相驚く
ajablanmoq　驚く
ajabo　おやまあ
ajal　死期
ajoyib　驚くべき
ajralmas　不可分の
ajratilmoq　分離される
aka　兄
aka-uka　兄弟
Akbar　〈人名〉アクバル
Akmal　〈人名〉アクマル
aktyor　俳優
albatta　もちろん，当然
Alibek　〈人名〉アリベク
alifbo　アルファベット
Alisher　〈人名〉アリシェル，アリーシェール

allakim 不明のある人
allanecha 不明の幾つか
allanima 不明の何か
allaqanday 何らかの
allaqancha 不明の幾つか
allaqayer 不明のどこか
allaqaysi 不明のどの
alohida 特別な，特段の
aloqa 関係
aloqador 関係のある
Alp 〈地名〉アルプス：~ tog'lari アルプス山脈
amal 実行：~ qilmoq 従う：~ga oshirilmoq 実現される
Amerika アメリカ
amir アミール〈支配者の称号〉
ammo しかし，でも
Amudaryo 〈地名〉アムダルヤ(河)
an'ana 伝統
an'anaviy 伝統的な
ana あれ，ほらあの：~ u あれ，あの
anavi あれ；あの
anglamoq 理解する
aniqlamoq はっきりさせる
Anna 〈人名〉アンナ
anor ザクロ
ancha かなり：~ dan beri 長いこと
aprel 4月
aql 理知，知性：~dan ozmoq 気が狂う
aqlli 賢い
arang どうにか，やっと，かろうじて
arava 荷車；(荷車)…台の
ariza 申請書

armon 心残り，悔い
aroq 酒
arqon 綱
artinmoq 自らの体を拭く
artmoq 拭く
arttirmoq 拭かせる
arzimoq 値する
arzon 安い：~roq より安い，安めの
archazor モミの林
asal ハチミツ
asar 作品，著作
asos 基礎：~ida〔主＋〕…に基づいて
asosan〔与＋〕…に基づいて
asosiysi その基本的なことは
asr 世紀
asramoq 面倒をみる，保護する，いたわる
assalomu alaykum アッサラーム・アライクム，こんにちは
asta ゆっくりと
astag'firullo おや，あら；何とまあ，いやはや
atalmoq 名前で呼ばれる
atama 用語
Atlanta 〈地名〉アトランタ
atrof 周囲，周り：~ida …くらいである
attang ああ残念
attorlik 小間物販売業
auditoriya 講堂
avgust 8月
avlod 子孫
avtobus バス
avtomat 自動

avtomatlashmoq　自動化する
avtomobil　自動車
avval　最初；〔奪+〕…より先［前］に：~lari 以前には
avvalgi　最初の
avvaliga　当初，最初は
avzo(y)　表情
ax　ああ，おお，うわ
axloq　（III.axloqi）道徳
aylana　周囲，周り
aylanay　私の愛する者よ
aylanmoq　回る；転じる
aylantirmoq　回す；転じさせる
ayni　同じ
ayniqsa　とりわけ
ayol　女性
ayrim　若干の；個別の
aytaylik　例えば
aytganday　ところで，それはそうと，そう言えば
aytgancha　そう言えば，ところで，それはそうと
aytilmoq　言われる
aytmoq　話す；歌う
aytmoqchi　ところで，そう言えば
ashula　歌：~ aytmoq 歌を歌う
achchiq　辛い
a'lo　最優秀の
a'zo　構成員，メンバー

B

badavlat　裕福な
Badr　〈地名〉バドル
baho　値段；価値
bahor　春
bahralanmoq　恩恵を受ける
bajarmoq　遂行する
bajonidil　喜んで
baland　高い：~roq より高い
balandlanmoq　高くなる
baliq　魚
balki　①多分．②（…であり）かつ；（…ではない）むしろ
balkim　恐らく
balli　よくやった，でかした，いいぞ
band　忙しい
bank　銀行
baquvvat　力強い
barakalla　すごいぞ，よくやった，でかした
baravar　同等の；…倍
bari　その全て
baribir　どのみち同じで，結局同様に
barmoq　指
barpo　建設：~ etmoq 建てる
barcha　全ての，一切の
bas　もう十分だ，たくさんだ
basavlat　威風堂々たる
Baton Ruj　〈地名〉バトンルージュ
baxayr　大丈夫ですか
baxtli　幸せな
baxyalamoq　縫い閉じする
bay-bay　ああ，おお，うわー
bayram　祭日，祝祭
bayroq　旗
bag'ayrat　意気込みのある

bag'ir （III.bag'ri） 肝臓
bag'ishlamoq 授ける
basharti もし，仮に
ba'd 後
ba'zi 若干の：~ bir ある若干の
be え～
bebaho 極めて高価な
bedor 眠らない
beh-beh おいでおいで，来い来い
bek （III.begi） 封建領主
bekinmoq 隠れる
bekitmoq 隠す
bel 腰
belgi しるし，記号，符号
bemahal 夜遅い時間
bemalol 自由な
bemaza 美味しくない；つまらない
bemor 病人
beri〔奪＋〕…以来，…このかた
berilmoq 与えられる
berishmoq 与えあう
bermoq ①与える，くれる．②(1)〔=ib² +〕…してやる[あげる，くれる]．(2)〔=a² +〕／〔=a²ver=〕（構わずに）…する
besaranjom 乱雑な
bet 顔；ページ
betma-bet 対面して
betoblik 病気であること
betonlanmoq セメント塗装される
bezamoq 飾る
bezanmoq 身なりを飾る，めかす
bezovta 心配な，不安な

besh 5
beshinchi 5何番目（の）
beshlik 5の
beshov（都合）5つ[人]
beshta 5（個）の
bilan〔主＋〕①…と（一緒に）．②…と（比較の対象）．③…で（道具や手段）．④〔形容詞+lik +〕…な状態[有様]で．⑤〔=gani² +〕…だけれども．⑥〔=ishi² +〕…することで；…するや否や
bildirmoq 知らせる
bilet チケット，切符
bilim 知識
bilinar-bilinmas かすかな
bilinmoq ①感じられる．②知られる
bilish 知ること：~imcha 彼の知るところによると
bilmoq ①知る，知っている．②〔=a² +〕（心得があり）…できる
bino 建物
binoan〔与＋〕…に基づいて
bir 1（の）：~ necha 幾つかの：~ nima 何か：~ qator 一連の：~ xil 同じ
bir-birlari その1人1人
birdan 突然
birga 一緒に
birgalikda 一緒に
birikmoq 1つになる，まとまる
birinchi 1何番目（の）
bironta → biror
biroq しかし，でも
biror 1，2の，わずかの，若干数の

birov（都合）1つ[人]；(不明の) 誰か，誰か(ある人)
biroz　少し
bitirmoq　終える
bitmoq　終わる
bitta　1つ，1（個）の
bittagina　たった1つだけ
biz　私たち
bizniki　私たちの物[所]；我が家
bizningcha　私たちの考えでは
Bishkek　〈地名〉ビシュケク
blank　空欄
bob　章
bobo　祖父
Bobur　〈人名〉バーブル
bodring　キュウリ
bois　〔主＋〕…の理由で：~dan〔主＋〕…の理由で
boj　税
bola　子供
bolalik　子供であること；子供の時
boqmoq　① 見る；養う．② 〔=ib^2 +〕…してみる
bor$_1$　ある，いる；あらゆる
bor$_2$　…回
bora　分野，方面
boringki　要するに
borishmoq　相行く
borlik　あること
borliq　全て（の）
bormoq　① 行く；上映される．② 〔=a^2 +〕／〔=ib^2 +〕…してゆく
bosiqlik　沈着さ

bosmoq　覆われる
botirlik　勇敢さ
botirmoq　沈める
botmoq　沈む
boy　豊かな；金持ち
boyimoq　富む，増える
bozor　バザール
bogʻ　果樹園，庭園
bogʻbon　園丁
bogʻlamoq　結ぶ
bogʻlanmoq　結ばれる
bogʻliq　関係する
bosh　頭；長；(主に動物)…頭の：~harf 大文字
boshlamoq　① 始める．② 〔=a^2 +〕…し始める
boshlanmoq　始められる，始まる
boshlashmoq　相始める
boshliq　上司
boshlovchi　初心者
boshqa　他の；二度と（…ない）；〔奪＋〕…以外に
boshqarmoq　監督する
boshqacha　別の方法で
bu　これ；この：~lar これら
bugun　今日：~gi 今日の：~gidek 今日のような
bukilmoq　おじぎする
bukiltirmoq　おじぎさせる
bultur　去年：~gi 去年の
bulut　雲
bunaqa　→ bunday
bunday　このような

bundoq → bunday
bunyod　創造：~ etmoq 創［造］る
buncha　これほどに
buralmoq　ねじ(ら)れる
buraltirmoq　ねじらせる
burda　(パンや肉等の小片)…片の
burilmoq　曲がる
burishmoq　しわだらけになる
burishqoq　しわになりやすい
burun₁　(III.burni)　鼻
burun₂　〔奪＋〕…より先［前］に
buruqsamoq　もくもくと湧き上がる
burch　義務
burchak　かど
busiz　これなしで
buta　潅木，茂み
butun　完全な，無欠の；整数の
butunlay　完全に
buvi　祖母，お婆ちゃん
Buxoro　〈地名〉ブハラ
buxorolik　ブハラの
buyon　〔奪＋〕…以来，…このかた
buyruq　命令
buzdirmoq　壊させる
buzmoq　壊す
bug'　蒸気〈与格は bug'ga〉
bug'doy　小麦：~ rang 小麦色の
bo'lak　部分；(量り分けたもの)…塊の
bo'lar-bo'lmas　なる間際に；些細な
bo'lishmoq　…に相なる
bo'lmasa　そうでないならば，さもなくば

bo'lmoq₁　①…になる；いる，ある：bilan ~ …にかまける．②〔=ib² ＋〕(1)…し終わる．(2)(否定形で)…することができない
bo'lmoq₂　分ける，分配する
bo'lur　〈bo'lmoq《…になる》の見込形動詞 bo'lar に同じ〉
bo'm-bo'sh　すっからかんの
bo'p　①〈bo'lmoq《なる》の完了副動詞 bo'lib の短縮形〉．②〔=ib² ＋〕(決して)…しない
bo'ri　オオカミ
bo'y　背丈；縁辺：~idagi その縁にある
bo'yalmoq　彩色される
bo'yama　彩色された
bo'yamoq　彩色する
bo'yi　〔主＋〕…の全時間的過程を通じてずっと
bo'yin　(III.bo'yni)　首
bo'yicha　〔主＋〕①…に基づいて，…に従って．②…に関して．③…中を．④…を通じた…，…部門での
bo'ylab　〔主＋〕…に沿って，…伝いに
bo'ylashmoq　背比べをする
bo'ysundirmoq　従わせる
bo'ysunmoq　従う
bo'sh　からの，空いた

D

-da　〈時に+da とも〉…も；…だよ［ね］；(…し) そして ((すぐ)…する)
+da → -da
dada　お父さん

daftar　ノート
dala　田野
dam　休息：~ olmoq 休憩する
dangasa　無精な
daqiqa　（時間の）分
daraja　程度，等級；水準；…度〈°，℃〉
daraxt　木
dard　病；苦痛；ちくしょう，くそっ
darhaqiqat　実際に，事実，本当に
darhol　直ちに，すぐに
daromad　収入
darrov　すぐに
dars　授業：~ o'tmoq 授業をする
darslik　教科書，教材
darvoqe　ところで，そう言えば
darvoza　門
daryo　川，河川
dastlabki　最初の
davlat　財産
davolamoq　治療する
davolanmoq　① 養生する．② 治療される
davom　継続：~ etmoq 続く：~ ettirmoq 継続させる
davomida〔主＋〕…の間中，…の期間を通じて
davr　時代
+day〔主＋〕…のような，…くらいの
deb〈demoq《言う》の完了副動詞〉
degizmoq　言わせる
dehqonl　農民
+dek〔主＋〕…のような，…くらいの

dekabr　12月
demak　すなわち：~ki すなわち
demokratik　民主的な
demoq　言う；思う
dengiz　海
deraza　窓
devor　壁
devormoq　さっさと言う
dey〈demoq の未完了副動詞の一〉
deya〈demoq の未完了副動詞の一〉
deyarli　ほとんど，ほぼ
deyilmoq　言われる
deyish　言うこと
deyishmoq　相言う
+di₁〈emoq の過去形 edi の前接形〉
+di₂〈副動詞人称助詞 I 型三人称単数形〉
+dik〈emoq の過去形 edik の前接形〉
+dilar₁〈emoq の過去形 edilar の前接形〉
+dilar₂〈副動詞人称助詞 I 型三人称複数形〉
Dilshod〈人名〉ディルショド
+dim〈emoq の過去形 edim の前接形〉
dindalik　宗教を信じていること
+ding〈emoq の過去形 eding の前接形〉
+dingiz〈emoq の過去形 edingiz の前接形〉
diqqat　注意
+dir　① …である；…しただろう．② 〔疑問詞＋〕不特定の，何らかの，…だか(の)
divan　ソファー
doim　いつも

doimo いつも
doktor 医者
dolchin シナモン：~ rang 肉桂色の
domla 先生
Don〈人名〉ドン
dona 粒；…個[本]の
dong （III.dong'i）名声
doppi〈民族帽〉ドッピ
dori 薬
dugona 女友達
dumaloq 丸い
dum-dumaloq まん丸の
dunyo 世界
+dur → +dir
duradgorlik 木工職，大工業
dushanba 月曜日：~ kunlari 毎月曜日には
do'kon 店
do'st 友達
do'stona 友好的な

E

e えっ
edi〈emoq の過去形．+di という前接形もある〉①…だった．②…なんですが．③（仮に）…だったとしたら
Edna〈人名〉エドナ
ega 所有者；〔与＋〕（…を）有した
egizak 双子
egmoq 曲げる
ehtimol 多分，おそらく
ekan ①…であること．②（実は）…なんだ；（実は）…なんだそうだ

ekanlik …であること
ekmoq 植える，蒔く
ekspert エキスパート，専門家
ektirmoq 植えさせる
elektr 電気：~ tok 電流
ellik 50
elliginchi 50番目（の）
emas …ではない
emaslik …でないこと
emish （実は）…なんだ；（実は）…なんだそうだ
emoq …である〈不完全動詞〉
endi やっと
eng 最も
er 男；夫
erinmoq 怠ける
erinchoq 怠け者の
erishmoq〔与＋〕…を達成する
erkak 男性
erkalamoq 甘やかす
erkalanmoq ①甘える．②甘やかされる
erkin 自由な
ertaga 明日
ertak 民話
ertalab 朝：~ki 朝の
esa …はと言うと
es(s)iz ああ残念だ
eski 古い，昔の
eson-omon 健康な，息災な
etak すそ；(エプロン) …杯の
etib ①〈etmoq の完了副動詞〉．②〔主＋〕…として

etikdo'zlik　ブーツ製造業
etilmoq　される
etmoq　する；(音が)する，鳴る
evaziga　〔主＋〕…の代償[引換え]に
evoh　ああ残念，残念無念
ey　おい，ちょっと；おや
eshik　ドア
eshitilmoq　聞こえる
eshitish　聞くこと：~icha 彼が聞くところ
eshitmoq　聞く
eshittirmoq　聞かせる
echki　ヤギ
e'tiboran　〔奪＋〕…以来，…から
e'zozlamoq　敬う

F

fahm　洞察力
falokat　事故
fan　科学；学問；教科
farqlamoq　区別する
farqli　違いのある
farzand　子供
fasl　季節
fevral　2月
fe'l　動詞
fikr　意見
film　映画
filcha　小象
finjon　ティーカップ
firma　商社，会社
foiz　パーセント，％；…％(の)
fonetika　音声学

fotoapparat　カメラ
foyda　利益，利得
foydalanilmoq　利用される
fransuz　フランス人：~ tili フランス語
futbol　サッカー

G

g → gramm
gal　順番；…回
gala　(鳥や動物の) 群；…群の
gap　話；文
gapirmoq　話す
gaplamoq　話す
gaplashishmoq　相話し合う
gaplashmoq　話し合う
gaplashtirmoq　会話させる
garchi　仮に
gaz　ガス
gazeta　新聞
gazli　(炭酸)ガスを含んだ
gazsimon　ガス状の
gilos　サクランボ
+gina³ 〈+gina / +kina / +qina〉…だけ，…のみ
gitara　ギター
grafika　文字
gramm　グラム
gul　花
guruh　グループ；…グループ[団]の
guruch　米
go'sht　肉

H

ha はい，イエス
had (III.haddi) 限度
hafta 週
hal：~ etmoq 解決する
hali まだ：~ ham いまだに
ham …も；且つ…（且つ…）
hamda そして，及び，なお且つ
hamma 皆；あらゆる，全ての
haq (III.haq(q)i) 真実の，正しい；料金
haqda〔指示代名詞＋〕…について
haqida〔主＋〕…に関して(の)
haqiqat 真実
haqli 正当な，当然の
har 毎，各：~ bir 各々の：~ doim いつも：~ holda とにかく，いずれにせよ：~ kim 各人：~ kuni 毎日：~ narsa 各物：~ nima 各物事：~ qanday いかなる…でも，任意の：~ qaysi 個々のどれ
harakat 動き，行動：~ qilmoq 努める，行動する
harakatlantirmoq 動かす
harholda → har
harorat 熱；温度
harqancha いくら（…しても）
hatto はては（…すら）
havo 空気；天気
hay おい，ねえ；(警告で) いいかい；しかたない
hayajonlanmoq 興奮する

haydamoq 運転する
hayot 健在の，存命の
hayotlik 生きていること
hashamatli 壮麗な
hashar 互助，ゆい
hech 何も（…ない）：~ bir 1つも（…ない）：~ kim 誰も（…ない）：~ narsa いかなる物[事]も（…ない）：~ nima 何も（…ない）：~ qachon いつも（…ない）：~ qanday いかなる…も（ない）：~ qaysi いかなる人も（…ない）
hilviramoq 翻る
himoya 防衛，守護：~ qilmoq 防衛する
Hind インド
his (III.hissi) 感じ，感覚：~ qilmoq 感じる
hisobchi 会計士
hojat 必要
hosil 実り
hovli 中庭
hovuch (手の平) …掬いの
hozir 今：~gina 今し方やっと：~oq 今すぐ
hujjat 書類
hujra 小部屋，房；小さな家
hukumat 政府
huquq (III.huquqi) 権利
hurmat 尊敬
huzur 面前

I

Ibn Sino〈人名〉イブン・スィーナー

iborat 〔奪+〕(…から)なる，構成される
ibtido 初歩
ibtidoiy 初歩の
idora 役所，事務所，オフィス
ifoda 表現
ifodalamoq 表現する，表す
ifodalanmoq 表現される
ifodalovchi 表現するところの
igna 針：~day 針ほどの
ijara 賃貸
ikki 2
ikkinchi 2何番目(の)
ikkita 2つの
ikkola 2つ
ikkov (都合) 2つ[人]
ilgari 以前，前もって；〔奪+〕…より前に
Ili 〈地名〉イリ(河)：~ daryosi vodiysi イリ河谷
ilinmoq 吊るされる
iliq 暖かい
ilmoq 吊るす
ilon 蛇
iltijo 祈願
iltimos お願い；お願いです
imkoniyat 機会
imlo 正書法
imorat 建物
imoratbop 建築に適した
imtihon 試験：~ topshirmoq 受験する
imzolamoq 署名する
in 巣穴
ingichka 細い

ingliz イギリス人：~ tili 英語
insof 公平，良心
inson 人間
institut 単科大学；研究所
inshoolloh 神の思し召しがあれば，願わくば
in'om 贈物
ip 糸
irrigator 灌漑技師
isitmoq 加熱[暖房]する
ism 名前
isrof 浪費
Isroil イスラエル
issiq 熱[暑]い
istamoq 望む
it 犬
iye えー，うわー，そんな
iyul 7月
iyun 6月
iz 跡
izlamoq 探す
izzat-ikrom 敬意や尊重
ish 仕事：~ haqi 給料
ishlamoq 働く，仕事をする；営業する
ishlatilmoq 使われる
ishlatmoq 働かせる
ishlashmoq 一緒に働く
ishlashtirmoq 一緒に働かせる
ishonilmoq 信じられる
ishonmoq 〔与+〕(…を)信じる
ishqiboz 愛好家，ファン
ishqilib とにかく，いずれにせよ，要するに

177

ishtirok（III.ishtiroki）参加, 存在：~ida〔主＋〕…が加わった状態で
ishyoqmas　怠け者の, 無精な
ishchan　勤労な
ich　中, 内
ichimlik　飲料
ichishmoq　相飲む
ichkari　中, 内, 内側
ichki　内部の
ichkizmoq　飲ませる
ichmoq　飲む

J

jadval　計画表
jahl　怒り
jamiyat　社会
jamoa　チーム
jang　戦い, 戦闘
janub　南
jarayon　過程：~ida〔主＋〕…の過程で
jarohat　負傷, 怪我
javob　返事, 答え：~ bermoq 返答する
javon　棚
jigarrang　褐色の
jihat　方面：~idan〔主＋〕…の面で
jilmoq（その場から）動く
jim（沈黙を請い）静かに, 静粛に
jiringlamoq　チリンと鳴る
jirkanmoq　嫌悪する
jonivor　生き物
joy　場所
joylanmoq　置かれる
joylashmoq　位置する

juda　とても
juft　対；(対のもの) …組の
juma　金曜日
jumladan　特に, とりわけ, 中でも
jo'namoq　向かう；出発する
jo'natilmoq　送られる
jo'natmoq　送る

K

kabi〔主＋〕…のような, …といった
kalit　鍵
kam　不足した
kambag'al　貧しい
kamdaromad　利益の少ない
kamfahm　頭の悪い
kamgo'sht　肉の少ない
kamhosil　実りの少ない
kampir　おばあさん
kamchilik　欠点
+kan〈ekan の前接形の一〉
kap-katta　とても大きな, どでかい
karam　キャベツ
Karamazov〈人名〉カラマーゾフ
karillamoq　うぬぼれる；カーカー鳴く
Karim〈人名〉カリム
kasal　病気；病気の
kasallik　病気, 疾患
katta　大きな, 大きい：~roq 大きめの
kavat　階
kavlamoq　掘る
keksa　老いた
kelajak　未来(の)
kelar-kelmas　来るやいなや

kelasi　未来の；翌：~ hafta 来週
keling　来て下さい；さあ皆さん
kelishmoq　相来る；同意する
kelmoq　① 来る．② 〔=ib² +〕…してくる
keltirmoq　来させる，もたらす
keng　広い：~roq より広い，広めの
kengaymoq　広くなる
kep〈kelmoq《来る》の完了副動詞 kelib の短縮形〉
kerak　① 必要な．② 〔=sa +〕…かも知れない，…だろう
kerakli　必要な
keraksiz　不必要な
kesim　述部
keskir　鋭利な
kesmoq　切る
ketkazmoq　去らせる
ketkizmoq　去らせる
ketmoq　① 去る，行く．② 〔=ib² +〕…してゆく
ketuvchi　去るところの
keyin　後で；〔奪＋〕…より後に：~roq 後ほど：~gi 後の，次の
keyinchalik　後で
kezdirmoq　ぶらつかせる
kezinmoq　自ら歩き回る
kezmoq　ぶらつく
kech　晩；遅い
kecha　昨日；夜，晩：~lari 毎夜
kechikmoq　遅れる
kechiktirmoq　遅れさせる
kechirmoq　容赦する

kechki　晩の
kechqurun　夕方
kechqurunlari　毎夕, 毎晩
kg → kilogramm
+ki　①（以下のようである）即ち．② とても…なので
kilogramm　キログラム
kilometr　キロメートル
kim　誰；何らかの職業人：~dir 誰か
kimniki　誰の物［所］
+kin〈ekan の前接形〉
+kina → +gina³
kino　映画
kinoteatr　映画館
kirgizmoq　入らせる
kirillitsa　キリル（文字）
kiritmoq　入れさせる
kirishmoq　相入る；着手する
kirmoq　入る
kitob　本
kitobxon　読者
kitobcha　小さな本
kiygizmoq　着させる
kiyim　衣服
kiyinmoq　自ら服を着る
kiyintirmoq　自ら服を着させる
kiymoq　着る
kishi　人
kichik　小さい
km → kilometr
kofe　コーヒー
koka-kola　コカコーラ
Kolokolo　コロコロ〈民話中の鳥の名〉

179

komanda チーム
kompyuter コンピュータ
konsert コンサート
korxona 企業
kostum → kostyum
kostyum スーツ
kostyumbop スーツに適した
kraxmal 洗濯糊
kraxmalsiz 洗濯糊なしの
-ku …だよ，…じゃないか：…はね
+ku → -ku
kub 立方体：~ metr 立方メートル
kula-kula 笑いながら
kulag'on よく笑う，笑い上戸の
kulba 小屋
kulishmoq 笑い合う
kulmoq 笑う
kulrang 灰色の
kumush 銀；銀色の
kun 太陽；日
kunduz 日中：~i 日中に，午後
kurt なまくらの
kutmoq 待つ；迎える
kutubxona 図書館
kuz 秋
kuch 力
kuchaymoq 強まる
kuchli 力のある，強い
kuchsiz 弱い
kuchsizlanmoq 弱る
kv. m. → kvadrat metr
kvadrat 正方形：~ metr 平方メートル
ko'hna 古い

ko'k 青い
ko'karmoq 青くなる
ko'kart(ir)moq 青くさせる
ko'krak 胸，胸部
ko'mak 手助け
ko'mir 石炭
ko'm-ko'k 真っ青な
ko'mmoq 埋める
ko'ngil (III.ko'ngli) 心：~dagi 心中にある：~dagiday 思い通りの
ko'p 多い，たくさんの：~roq より多い：~gina とてもたくさんの
ko'pincha 多くの場合
ko'pchimoq 腫れる
ko'ra ①〔奪＋〕…に比して，…に比べると；…よりも．②〔与＋〕…によると，…に鑑み，…に応じて
ko'rgazmoq 見せる
ko'rgizmoq 見せる，示す
ko'rinishmoq 相見える
ko'rinmoq 見える
ko'rmoq ①〔対＋〕(…を)見る，(…と)会う．②〔=ib² ＋〕…してみる
ko'rsatma 指示
ko'rsatmoq 見せる，示す
ko'sak 綿の実
ko'tarilmoq 持ち上げられる，上がる
ko'tarmoq 持ち上げる
ko'ylak シャツ，ブラウス；ドレス
ko'za 水差し；(水差し)…杯分の
ko'cha 通り
ko'chirilmoq 移される
ko'chirmoq 書き写す

ko'chmoq 移る,移行する

L

l → litr
labbay はい？,何ですか？
laylak コウノトリ
lekin しかし,でも
likopcha 小皿；(小皿)…皿の
liq to'la 満杯の,満員の
litr リットル
lotin ラテン
lozim 必要な
lug'at 辞書

M

m → metr
m² → kvadrat metr
m³ → kub metr
ma ほら（これを取れ）
mabodo もし,仮に
magazin 店
mahal 時；…回
mahalla 街区,マハッラ
mahsulot 産品,材料,具材
majlis 会議
majmua 集合体
Makka〈地名〉マッカ,メッカ
maktab 学校：~dagi 学校の
malaylik 丁稚奉公
Malika〈人名〉マリカ
malol 邪魔,支障
mamlakat 国
+man（私は）…である

mana ほら（これです）
manba 源,資料
mang ほら（これをどうぞ）
mansub〔与＋〕…に属する
manti 肉まん,マンティ
manzil 住所
maqola 記事
maqsad 目的：~ida〔主＋〕…の目的で
maqtalmoq 褒められる
maqtamoq 褒める,称賛する
maqtanmoq 自慢する
maqtanchoq 自慢やの
maqtarli 称賛に値する
mardikor 日雇い労働者
marhabo ようこそ
marhamat どうぞ
markaz 中心
marosim 儀式,祭式
marotaba 階級；…回
mart 3月
marta …回；…倍
martaba …回
+mas〈emas の前接形〉
masala 問題
masalan 例えば
maslahat 助言；相談：~ bermoq 助言を与える
mas'ul 責任を負った
matbuot 出版,活字メディア
material 資料
matn 本文,テキスト
mavqe(y) 地位
mavzu(y) 主題,テーマ

maxsus 特別な
may 5月
mayda 細かい，小さい：~roq 小さめの
mayiz 干しブドウ，レーズン
mayizbop 干しブドウに適した
mayli よろしい，わかった，オーケー
maza 味；面白み；満足だ，いいぞ
mazali 美味しい
mazmun 内容
mazmundor 内容豊かな
mag'iz （III.mag'zi）果実の核
mashina 車；機械
mashinalashmoq 機械化する
mashinalashtirilmoq 機械化させられる
mashq 練習，訓練
Mashrab 〈人名〉マシラブ
mashg'ulot 仕事
ma'lum 知られている，自明の；ある一定の
ma'lumot 情報
ma'muriy 行政の
ma'no 意味
ma'nosiz 無意味な
ma'qul 許容し得る；よろしい，了解した
ma'rashmoq メーメー鳴きあう
ma'ruza 講義
me'yor 標準
mehmon 客，来客
mehmonxona 客間；ホテル
men 私
meni ①私を．②〈方言〉私の
meniki 私の物［所］

menimcha 私の考えでは，私見では
mening 私の
Meri 〈人名〉メリー
metr メートル
metro 地下鉄，メトロ
meva 果物，果実
mevali 果実のある
mg → milligramm
+mi …か？
mikrofon マイク
mil. av. → milod
milliard 十億
milligramm ミリグラム
millimetr ミリメートル
million 百万
milliy 民族の，国家の
milod 西暦，紀元：~dan avvalgi 紀元前〈＝ mil. av.〉
milodiy 西暦紀元の
ming 1000
minginchi 1000番目(の)
minglab 千あまりの
mingtacha 1000(個)程の
minut …分
+miz （私たちは）…である
+mish 〈emish の前接形〉
mln → million
mlrd → milliard
mm → millimetr
mobaynida 〔主＋〕…の期間を通じて
modomiki もはや（…である以上）
mol 品物
mos 適した

moslashmoq　適応する
mototsikl　オートバイ，バイク
moviy　空色の
muammo　問題
muborak　めでたい，喜ばしい
mudofaa　防衛
muhokama　討論：~ qilmoq 討論する
mukammal　完全な
mulk　財産
mumkin　ありうる，可能な
munosabat　関係
munosabati bilan　〔主＋〕…に際して，…にちなんで，…に合わせて
murojaat　呼掛け：~ qilmoq 呼掛ける
murch　コショウ
musiqa　音楽
mustaqillik　独立
mutaxassis　専門家
mutlaqo　完全に，全く
muvaffaqiyat　成果，成功
muvofiq　適した：〔与＋〕…に従って，…に則って
muzey　博物館
muzlamoq　凍える
musht　こぶし，げんこつ：~ yemoq こぶしを食らう
mushuk　ネコ
mushuksimon　ネコ型の；ネコ科の
mo'ljal　標的
mo'ri　煙突
mo'tabar　尊敬すべき
mo'tadil　穏健な

N

na　どちらも（…ない）
nafar　…名［人］の
nafis　繊細な
Naf-Naf　ナフナフ〈民話の一登場者〉
nam　湿気；しめった：~ tortmoq 湿気を吸う
namuna　例
Napoleon　〈人名〉ナポレオン
nari　あちら，向こう
narigi　あれ；あの，あちらの：~dagi 向こうの：~sichalik そのあれほどには
narsa　物；物事
narx　値段
natija　結果：~sida〔主＋〕…の結果として
nav　種類
Navoiy　〈人名〉ナヴォーイー：~ ko'chasi ナヴォーイー通り
Navro'z　ナ［ノ］ウルーズ〈イラン太陽暦の元日〉：~ bayrami ナウルーズ祭
nazar　視線：~ solmoq 視線を向ける
nega　なぜ
necha　いくつの
nechanchi　何番目（の）
nechov　幾つ，何人
nechta　幾つの，何人の
nechun　なぜ
Nif-Nif　ニフニフ〈民話の一登場者〉
nima　何：~ uchun なぜ
nimaga　なぜ
nisbatan　〔与＋〕…に対して，…に関し

て；…に比して
nodon 無知な
nol 0，零
nom 名前：~idan〔主＋〕…を代表して
non ナン，パン
nonushta 朝食：~ qilmoq 朝食をとる
noqulay 不都合な
norozi 不満な
notanish 見知らぬ
noto'g'ri 正しくない
noyabr 11月
Nozim 〈人名〉ノズィム
Nukus 〈地名〉ヌクス
nutq 演説

O

obba いいぞ，すばらしい；わあ，うへえ
Obid 〈人名〉オビド
obormoq 持って行く
obro'(y) 名望
odam 人
odamsimon 人型の，類人の
odatda 普段，通常
odatiy 習慣の，普段の
oddiy 普通
ofarin でかした，よくやった，いいぞ
oid 〔与＋〕…に関する，…に関係する所の
oila 家庭，家族：~ qurmoq 家庭を持つ
oktabr 10月
ola 斑の
olam この世：~dan o'tmoq 他界〔死去〕

する
old 前
oldin ① 以前：~lari 旧時．②〔奪＋〕…より前に
olim 学者
olinmoq 取られる
olis 遠方：~dagi 遠方の
olishmoq 取り合う，相取る
olma リンゴ
olmoq ① 取る，得る；買う．②(1)〔=ib^2＋〕（ちゃんと）…する．(2)〔=a^2＋〕／〔=＋〕…することができる
olmosh 代名詞
olov 炎
olti 6
oltin 黄金；金貨
oltinchi 6何番目（の）
oltita 6（個）の
oltmish 60
oltmishinchi 60番目（の）
oltov （都合）6つ［人］
oluvchi 取るところの
omad 幸運
ombor 倉庫
ona お母さん：~ tili 母語
op 〈olmoq《取る》の完了副動詞 olib の短縮形〉
opa 姉，お姉さん
operatsiya 手術：~ qilmoq 手術をする
opke(1)moq 持って来る
op-ochiq 明々白々な
oppa-oson お茶の子さいさいの

oppoq　真っ白な
oq　(III.oqi)　白い；白いもの
+oq² ⟨+oq / +yoq⟩　…や（ただちに）
oqarmoq　白くなる；白む
oqibat　結果
oqim　流れ
oqizmoq　流す
oqmoq　流れる
oqsoqol　老人男性
oqshom　晩
ora　間，内
oraliq　間
oriq　痩せた
Orol　〈地名〉アラル：~ dengizi　アラル海
orom　安らぎ
orombaxsh　心安らぐ
orqa　後ろ，背；背後
orqali　〔主＋〕…で，…によって，…を通じて〈道具［手段］を表す〉；…を通って，…経由で〈経由［通過点］を表す〉
ort　後，向こう側
ortiq　余分な；〔奪＋〕…以上の
orzu　(I/II.orzuy+)　願望
osma　吊るされた
osmoq　吊るす
oson　簡単な，容易な
ost　下
ot　馬
ota　父
ota-ona　父母，両親
otli　馬を有した
ov　狩

ovlamoq　狩る，漁をする，捕る
ovoz　音声
ovqat　食事，食品
oxir　最後，終り：~i　結局
oxirgi　最後の；最近の：~ paytlarda　最近
oyi　お母さん
oylab　…ヶ月間
oyoq　足
oz　少ない：~gina　少しばかり
ozaymoq　減る
ozayt(ir)moq　減らせる
og'ir　重い：~roq　より重い，重めの
og'irlik　重さ
og'iz　(III.og'zi)　口
og'moq　傾く
og'rimoq　痛む
og'riq　痛み
og'riqsiz　痛みのない
osh　ピラフ
oshmoq　超える
oshxona　食堂
ochilmoq　ひらかれる
ochiq　開いた；明色の；明白な
ochmoq　開く，開ける

P

par　羽毛
parda　カーテン
Parij　〈地名〉パリ
park　公園
parta　机
parvo(y)　介意

parcha 断片；(小片)…片の
parcha-parcha がばらばらに
pasport パスポート
past 低い
paxta 綿：~day 綿のような
payt 時
piyoda 徒歩で
piyola 茶碗；(茶碗)…杯[椀]の
piyoz タマネギ
pishirishmoq 相調理する
pishirmoq 熟させる；煮る，加熱調理する
pishloq チーズ
pishmoq 熟す，煮える
pichoq ナイフ
poda (同種の家畜の)群；…群の
poezd 列車
pol ゆか
posilka 小包
poxol 藁
poy (対で使う物の)片方(の)
poyabzal 靴
poyezd 列車
poytaxt 首都
pochta 郵便
prezident 大統領
professor 教授
pul お金
pulsiz お金の無い；無料の
pyesa 芝居
po'lat 鋼鉄，スチール

Q

qabul 受入れ：~ qilmoq 受け付ける：~ qilinmoq 採用される
qad (III.qaddi) 体
qadam …歩の
qadar〔与＋〕〈時間[空間]的に〉…まで
qadim 昔
qalam 鉛筆
qalampir トウガラシ
qalay どのように
qamoq 牢屋
qanaqa どんな
qanday どんな；何と(…なことか！)
qandolatchilik 菓子製造業
qani はら，どれ
qaniydi 願わくば，望むらくは
qancha いくつ，どれだけ
qanchalik どれほど
qarab〔与＋〕…へ向かって；…に応じて，…を見て
qaraganda〔与＋〕…に比べると
qaramasdan〔与＋〕…にもかかわらず
qaramay〔与＋〕…にかかわらず
qaramoq〔与＋〕(…を)見る，(…に)目をやる
qarata〔与＋〕…に向けて
qaravormoq さっさと見る
qari 老いた
qarindosh 親戚
qariyb 約，だいたい
qaror 決定：~ qilmoq 決める
qarshi 向い(の)

qarshilik　異議；反抗
qasam　誓い：~ ichmoq 誓う
qatnashmoq　参加する，加わる
qator　行，列
qattiq　堅［硬］い；大声の
qat'inazar〔奪＋〕…であるかにかかわらず
qat'iy　確固たる：~ nazar〔奪＋〕…であるかにかかわらず
qavm　一族，部族；小教区民
qayer　どこ
qayirmoq　向きを変える
qaynamoq　沸く，沸騰する
qaynatmoq　沸かす，沸騰させる
qayrilmoq　向きが変わる；振り向く
qaysi　(III.qaysi(ni)si) どれ；どの
qayta　再度，再び
qaytarilmoq　返される，返却される
qaytarmoq　帰す；返す，戻す
qaytmoq　帰る
qazimoq　掘る
qachon　いつ：~dandir いつの頃からか
qilinmoq　される
qilishmoq　相する，しあう
qilmoq　する
qimirlamoq　身動きする
qimmat　高価な
qimmatbaho　高価な，高値の
+qina→ +gina^3
qip-qizil　真っ赤な
qirq　40
qirqinchi　40番目（の）
qisim → siqim

qism　部分
qisqa　短い
qisqarmoq　短くなる
qisqart(ir)moq　短くさせる
qisqartma　要約；略語
qisqasi　要するに
qistamoq　せかす；こみ上げる
qit'a　大陸
qiyinchilik　困難
qiyma　挽き肉
qiynalmoq　苦しめられる
qiz　娘：~ bola 女の子
qizil　赤い
qizimoq　熱くなる
qiziq　面白い，興味深い；おかしい，はて
qiziqarli　興味深い，面白い
qiziqmoq　興味をもつ
qiziqtirmoq　興味をもたせる
qizuvchan　熱くなりやすい；短気な
qizg'anmoq　ねたむ；けちる
qish　冬
qishloq　農村
qishloqcha　農村生活者様式の
qishqi　冬の：~i ta'til 冬休み
qichqirmoq　叫ぶ
qichqirt(ir)moq　叫ばせる
qoida　規則
qoidalashtirilmoq　規則化される
qolaversa　同様に，同時に，さらには
qoldirmoq　残す；置き忘れる
qolmoq　①残る。②〔=ib^2＋〕（不意に）…になる；〔=a^2＋〕（気安さ等の語

気を表す）
qon 血
qondirmoq 満足させる
qonmoq 満足する
qop₁ 袋；…袋の
qop₂ 〈qol＝《残る》の完了副動詞 qolib の短縮形〉
qopag'on 咬みつき癖のある
qopmoq かみつく，咬む
qop-qora 真っ黒な
qoptirmoq 咬ませる
qor 雪
qora 黒い
qoraymoq 黒くなる；日焼けする
qorayt(ir)moq 黒くさせる
qorin (III.qorni) 腹
qorli 雪のある
qozon 鍋；…鍋の
qozonmoq 獲得する
qog'oz 紙
qosh 隣，傍
qoshiq 匙，スプーン；…匙の
qochirmoq 逃がす
qochmoq 逃走する，逃げる
quduq 井戸
qulay 簡単な；好都合な
qum 砂
quritilmoq 乾燥される
qurol 道具；武器
qurt 蚕；いもむし
qurg'oqchilik 旱魃
quti 箱；…箱の
qutqarmoq 救う

qutqazmoq 救う
qutulmoq 救われる
quvonmoq 喜ぶ
quvontirmoq 喜ばせる
quvur パイプ
quvvat 力
quyi 下：~dagi 下にある，以下の
quymoq 注ぐ
quyosh 太陽
quyuq 濃い
qush 鳥
qushcha 小鳥
qo'l 手，腕：~idan kelmoq 彼の手に負える
qo'llanma 手引書
qo'lqop 子袋
qo'nmoq 着陸する
qo'ng'ir 褐色の
qo'ng'iroq ベル，鐘；電話：~ qilmoq 電話する
qo'rqitmoq 恐れさせる
qo'rqmoq 〔奪＋〕（…を）恐れる，怖がる
qo'y 羊
qo'yilmoq 置かれる；上演される
qo'yin (III.qo'yni) ふところ
qo'yishmoq 相上映する
qo'ymoq ① 置く．②〔＝ib² ＋〕…しておく；…してしまう
qo'ziqorin キノコ
qo'zg'almoq 身動きする
qo'zg'altirmoq 身動きさせる
qo'g'irchoq 人形
qo'shilishmoq 賛同しあう

qo'shin　軍隊
qo'shma　連合[関連]した，複合の
qo'shni　隣の，近隣の

R

rab　(III.rabbi)　神
rahbar　リーダー
rahmat　感謝；ありがとう
rang　色；顔色
raqam　数字
rasm　絵，絵画
rasmiy　正式な，公式な
rasta　出店
ravnaq　(III.ravnaqi)　輝き；発展
Ra'no　〈人名〉ラーノ
reja　計画：~ tuzmoq 計画を立てる
respublika　共和国
retsept　処方箋
rohatlanmoq　気持ちよくなる，リラックスする
roman　長編小説
rost　真実の，本当の；正しい
rostlamoq　真っ直ぐにする，立てる
rozi　満足した，同意の
rus　ロシア人
Rustam　〈人名〉ルスタム
ruchka　ペン
ro'baro'　対面，向い側：~ kelmoq 出くわす
ro'para → ro'baro'
ro'zg'or　生計：~ tutmoq 生計を立てる

S

sababli　〔主＋〕…の理由で
sabrsizlik　不辛抱：~ bilan 辛抱できずに
sabzi　ニンジン
safar　旅行；…回
saharlab　早朝に
sahifa　ページ
Said　〈人名〉サイード
sakkiz　8
sakkizinchi　8何番目(の)
sakson　80
saksoninchi　80番目(の)
sal　かすかに
salom　こんにちは，やあ
salomlamoq　挨拶する
Samarqand　〈地名〉サマルカンド
samolyot　飛行機
+san　(君は)…である
sanalmoq　数えられる
sanamoq　数える
+sanlar　(お前らは)…である
sanoq　数えること：~ son 基数詞
santimetr　センチメートル
san'at　芸術
saqlamoq　守る，保つ
saqlanmoq　自衛[自愛]する；守られる
saranjom　整った
sari　〔主＋〕…へ向けて；〔=gan(i)³＋〕…するにつれ
sariq　黄色い
sariyog'　バター
saroy　宮殿

savat 編み篭；…篭の
savlat 威風
savol 質問
sayin〔主＋〕…ごとに，毎…に
saylanmoq 選ばれる
saylov 選挙
sayohat 旅行
sayoz 浅い
sayr 散歩，行楽
sayramoq さえずる
sayr-sayohat 行楽や旅行，外遊
sayyora 惑星
sazovor 価する
sekund 秒
semiz 太った
sen 君：~dek 君のような
seni 君を
seniki 君の物［所］
sening 君の
seningcha 君の考えでは
senlar お前ら
sentabr 9月
serharakat 活動的な，動きの多い
sermazmun 内容豊富な
sersu 水の多い
serchiqim 出費の多い
seskenmoq ぎょっとする
Sevara〈人名〉セヴァラ
sevinmoq 喜ぶ
sevintirmoq 喜ばせる
sevmoq 愛する
sezgir 敏感な
sezmoq 感じる，気付く

seshanba 火曜日
sidra …揃いの
sifat 質：~ida〔主＋〕…として
sifatli 良質な
sindirmoq 割る
sinf クラス，教室
singari〔主＋〕…といった，…のような
singil (I/II.singli+, III.singli(si)) 妹
siniqmoq 顔色［血色］が悪くなる
sinmoq 割れる
siqim （手の平）…掴みの
sirt 外
sirtqi 外部の
siyoh インク
siz$_1$ あなた；あなた方，君たち
+siz$_2$ …のない；〔主＋〕…なしで
+siz(lar) （あなた（方）は）…である
sizniki あなた（方）の物［所］；お宅
sizningcha あなた（方）の考えでは
sichqon ネズミ
sm → santimetr
soat 時計；〔＋数詞〕…時
sodir （発行）：~ bo'lmoq 発生する
sof 清浄な
soha 分野
solinmoq 入れられる
solmoq ① 入れる，放つ． ②〔=a^2＋〕…した直後に，…するなり
son-sanoq 数え上げること：~siz 無数の
sop 〈sol=《放つ》の完了副動詞 solib の短縮形〉
soppa-sog' 実に健康な
sotmoq 売る：~ib olmoq 購入する，買う

sovuq 寒い；冷たい
soyabon 傘
sog' 健康な
sog'inmoq 懐かしがる，思い偲ぶ
sog'lom 健康な
soch 髪
sport スポーツ
sprayt スプライト
stadion スタジアム
stakan グラス；(グラス)…杯の
stansiya 駅
stol 机，テーブル
stul 椅子
subyekt 主体
sub'yekt → subyekt
suhbat 会話；討論
Sulton 〈人名〉スルトン
sumka カバン
sun'iy 人工的な
sur 暗灰色の
surat 絵
surkamoq 拭く；こする；塗る
surkanmoq 自らの体をこする
sut ミルク
sutemizuvchi 哺乳動物
suv 水
suyukli 最愛の
suyuq 液体の；流動的な
suzmoq 注ぐ，すくう
sug'urmoq 引き抜く
so'kishmoq 相罵る
so'kmoq 罵る
so'm 〈通貨単位〉ソム

so'ng 次に；〔奪＋〕…の後
so'nggi 終りの
so'ramoq 尋ねる；請う，頼む
so'ratmoq 尋ねさせる
so'rashmoq 相尋ねる，相求める
so'roq 問い
so'z 単語，言葉：~ turkumi 品詞
so'zlamoq 話す
so'zlanilmoq 述べられる
so'zlatmoq 話させる
so'zlashmoq 会話する
so'zlashtirmoq 会話させる

T

t → tonna
taalluq 関係
tag 下，底
tajriba 経験
tajribador 経験豊かな
taklif 提案，勧め；招待：~ qilmoq 提案する
taksi タクシー
talaba 学生
talaffuz 発音
tamomlamoq 終える
tanbal 怠惰な
tanilmoq 知られる
tanimoq 認識する，面識がある
tanish 認識すること；知合い
tanishmoq 知り合う
tanishtirmoq 知り合わせる
taom 料理
tapa 頂；傍，たもと

taraf 方向, 方面
taramoq 櫛でとく
taranmoq 自分の髪を櫛でとく
tarelka 皿;(料理)…皿の
tarix 歴史
tarixiy 歴史的な
tarjima 翻訳:~ qilmoq 翻訳する
tartib 秩序:~ son 序数詞
tartibsiz 秩序のない
tarvuz スイカ
tarzida〔主＋〕…の形式で, …として
tavallud 誕生:~ topmoq 誕生する
tavba おやおや, あれまあ, 何とまあ
tavsiya 推薦:~ etmoq / qilmoq 推薦する, 勧める
tax 折り目, タック
taxmin 推測:~ qilmoq 推測する
taxminan おおよそ, 約
taxta 板;(四角い紙)…枚の
tayyorlamoq 準備する, 作る
tayyorlanmoq 準備される
tag'in 再び
tashakkur 感謝
tashilmoq 運ばれる
tashimoq 運ぶ
tashkilot 機関, 組織
tashlamoq ①投げる. ②〔=ib^2＋〕(決然と)…する;(何度も)…する
tashqari ①外. ②〔奪＋〕…以外に, …に加えて;…を除いて
tashqi 外の, 対外的な:Tashqi ishlar vaziri 外相
tashrif 訪問, 来臨:~ buyurmoq 訪問[来臨]する
ta'lim 教育
ta'sir 影響
ta'til 長期休暇
teatr 劇場
tegmoq 触れる, 達する
tekkizmoq 触れさせる
tekshirish 調査
tekshirmoq 調べる
telefon 電話
televizor テレビ
Temur〈人名〉ティムール
tepag'on 蹴り癖のある
tepmoq 蹴る
terma 選抜の
termoq 摘む
tez 速い:~da はやく, じきに:~roq 早めに
tez-tez 頻繁に
+ti〈副動詞人称助詞II型三人称単数形〉
+tilar〈副動詞人称助詞II型三人称複数形〉
tikan とげ:~dek とげのような
tikanli 刺のある
tiklamoq 真っ直ぐにする;建てる
tikuvchi 裁縫師
til 舌;言語
tilshunoslik 言語学
tinglamoq 聴く
tinish 休止
tinmoq 止む, 静まる
tinch 静かな, 落ち着いた

tinchlik　平安，平穏；大丈夫
tip-tinch　全く静かな
tirikchilik　生活，生存
titramoq　ブルブル震える
tishlam　…噛み分(の)
tob　体調：~i qochmoq 彼の体調が不良になる
tobora　次第に，徐々に
tok　(III.toki) ブドウの木
tole(y)　運
Tom　〈人名〉トム
tom　屋根
tomizmoq　滴らせる
tommoq　滴る
tomon　側；〔主／与+〕…に向かって
tomonidan　〔主+〕…によって
tomosha　見せ物：~ qilmoq 観賞する
tong　暁
tonna　〈重量単位〉トン
topilmoq　見つけられる
topmoq　得る，見つける
toptirmoq　得らせる；得られる
top-toza　実に清潔な
topshirmoq　引き渡す，提出する
tor　狭い
tortinchoq　恥ずかしがりやの
tortinmoq　遠慮する
tortmoq　引っ張る
toymoa　つるりと滑る
toyg'oq　滑りやすい
toza　清潔な
tozalamoq　掃除する
tozalanmoq　①身を清める．②掃除される
tog'　山
tosh　石
Toshkent　〈地名〉タシケント
tramvay　トラム
transport　交通機関
tufayli　〔主+〕…の原因［理由］で，…によって；…のおかげで
tugamoq　終わる
tugatmoq　終える
tugilmoq　包み結ばれる
tugmoq　包む
tun　夜
tunamoq　夜を明かす
tup　(草木)…株の
tuppa-tuzuk　実に正しい
tur　種類
turarjoy　住宅
turib　①〈turmoq の完了副動詞形〉．②〔=ib² +〕(立って)…している；…している
turishib　〈turib の相動態〉
turishmoq　一緒に暮らす
Turkiston　トルキスタン
turkman　トゥルクメン人
turli　様々な：~ xil 様々な
turmoq　①立つ；いる；起床する．②〔=ib² +〕(断続［持続］的に)…する；(暫時的に)…する．③〔=a² +〕…している
turmush　生活：~ga chiqmoq (女性につき)結婚する
turtinmoq　自らぶつかる

turtmoq 突く
turgʻizmoq 立たせる
tutmoq 保つ
tutqazmoq 保たせる
tutqizmoq 保たせる
tutun 煙
tuxum たまご
tuxumsimon 卵形の
tuzatmoq 正す，改善する
tuzilish 構成
tuzmoq 組む；綴る
tuzuk 正しい
tugʻilmoq 生まれる
tugʻmoq 生む
tush 夢
tushirmoq 落とす，下ろす
tushlik 昼食
tushmoq 下りる；落ちる
tushunarli 分かりやすい
tushunmoq 理解する，分かる
tushuntirmoq 分からせる，説明する
tushuncha 理解
toʻda 山積み；(堆積)…山の；…団の
toʻkmoq 注ぐ
toʻlamoq 支払う
toʻldirmoq 満たす
toʻliq 十分な
toʻlmoq 満ちる
toʻlgʻazmoq 満たす
toʻlgʻizmoq 満たす
toʻn 長衣
toʻp ボール；…団[群]の
toʻplam 選集；…まとまりの

toʻplanmoq 集められる
toʻpolon 大騒ぎ；暴動
toʻppa-toʻgʻri 実に正確な
toʻq 深色の
toʻqqiz 9
toʻqqizinchi 9何番目(の)
toʻqson 90
toʻqsoninchi 90番目(の)
toʻrt 4
toʻrtinchi 4何番目(の)
toʻrtov (都合) 4つ[人]
toʻrtta 4個の
toʻsatdan 突然
toʻxtalmoq 止む；言及される
toʻxtamoq 止まる
toʻxtatmoq 止める
toʻzgʻitmoq びりびりにさせる
toʻgʻri まっすぐ；正しい，正確な：~ kelmoq せざるを得なくなる
toʻgʻrisi 実は，実を言うと
toʻgʻrisida〔主+〕…について，…に関して

U

u (III.unisi) 彼(女)，それ；そ[あ]の：~ yoqda tursin …のみならず，…どころか
-u^2 〈-u / -yu ~ +u / +yu〉…と；…だが
udda 遂行：~sidan chiqmoq うまくやり遂げる
uddalamoq うまくやり遂げる
uf うへえ，やれやれ
uka 弟

ularniki 彼らの物[所]；彼らの家(族)
ulgurmoq 間に合う
uloq 子ヤギ；ブズカシ，ウロク〈馬上競技の一種〉
ulus 民衆，人々
ulug' 偉大な
umid 希望，期待：~ qilmoq 希望[期待]する
umidbaxsh 前途有望な
umr 人生，生涯
umuman 総じて
uniki 彼(女)の物[所]
unum 収穫，成果
unumdor 生産的な
unutmoq 忘れる
unutuvchan 忘れっぽい，忘れやすい
uncha それほど
unchalik それほど(…でない)
ura ウラー！，万歳！
urinmoq 励む，精を出す
urishmoq 相叩く；殴り合う
urishqoq けんか好きな
urmoq 叩く
urchuq 紡錘
ust 上：~ida〔主＋〕…に関して
usta 職人，名人，匠
uxlamoq 眠る
uxlatmoq 眠らせる
uy 家
uyalmoq 恥じる，恥ずかしがる
uyaltirmoq 恥ずかしがらせる
uyat 恥
uyatchan 恥ずかしがり屋の

uydalik 家にいること
uyg'onmoq 目覚める
uyg'otmoq 目覚めさせる
uycha 小さな家
uzatmoq 手渡す
uzatvormoq さっさと差し出す
uzilmoq 切れる
uzoq 遠い：~roq より遠い，遠めの：~roqdagi 若干遠い所にある
uzoqlashmoq 遠くなる
uzr ごめんなさい，堪忍して下さい，すみません
uzra〔主＋〕…の上面[上方]に
uzuk 指輪
uzum ブドウ
uzun 長い
ushlamoq つかむ
uch 3
uchinchi 3何番目(の)
uchmoq 飛ぶ
uchov (都合)3つ[人]
uchqich 飛行機
uchqur 飛ぶのが速い
uchramoq 会う
uchratmoq 出会わせる；〔対＋〕(…と)会う，(…に)出くわす
uchrashmoq 相会う
uchun〔主／属＋〕…のために(単数形指示代名詞は属格支配)
uchuvchan 揮発性の

V

va …と；…であり，…して(…する)

va alaykum assalom　ワ・アライクムッサラーム〈そしてあなた（方）の上にも平安あれ！〉
vafot　死去：~ etmoq 死去する
vagon　（列車の）車両；（列車）…輛の
vakil　代表
vaqt　時，時間；時制
varaq　シート；（シート）…枚の
vatan　祖国
vayron　瓦礫と化した
vazifa　役割
vazirlik　省庁
+vermoq → bermoq
viloyat　州
vino　ワイン
vodiy　広谷
vokzal　駅
voqea　出来事
voqean　ところで
+vormoq → yubormoq
vosita　手段：~sida〔主＋〕…の手段によって
voy　うわあ，ああ，おお，あれまあ
voydod　ああ助けて

X

xabar　情報，知らせ
xabardor〔奪＋〕（…を）知っている
xafa　陰気な：~ bo'lmoq 不機嫌になる：~ qilmoq 気分を害する
xalq　民衆
xalta　小袋；(小袋)…袋の
xamir　練り粉

xaridor　買い物客
xarita　地図
xat　手紙
xato　間違い
xavfli　危険な
xayol　想像，脳裏
xayr　さようなら
Xitoy　中国
xiyol　かすかに
xizmat　仕事，勤務
xodim　職員
xohlamoq　望む
xok　(III.xoki)　埃
xolos　ただそれだけだ
xona　部屋
xonadon　家庭，家
xonim　夫人
Xorazm〈地名〉ホラズム
xuddi　あたかも，まるで
xudo　(I/II.xudoy+)　神
xullas　要するに
xulosa　結論
xursand　うれしい
Xurshid〈人名〉フルシド
xusus　事柄：~sida〔主＋〕…に関して
xususiyat　特性
xo'p　よろしい，わかった，OK
xo'sh　ねえ，あのう；さようなら，バイバイ

Y

ya- → -a²
yakka　単独の，独りの

yakunlamoq 終える
yakshanba 日曜日：~ kuni 日曜日に
yalinmoq 懇願する
yalinchoq せがみやの
yam-yashil 真緑の
yana また，再び
yanada 更に
yangi 新しい
yangilik ニュース
yangi-yangi 複数の真新しい
yanvar 1月
+yap 〔＝(a)+〕（今）…している；（今後）…するつもりである
yapon 日本人
yaponcha 日本式の；日本語
yap-yangi 真っさらの
yaqin 近い
yaqinidagi その近くにある
yaqinlanmoq 近づく
yaqinlashmoq 近づく
yaqinlik 近さ；親密さ
yarim (III.yarmi) 半分(の)；30分, 半 (時間)
yasama 手製の；人工の
yasamoq 作る
yasashmoq 相作る
yaxshi 良い：~roq より良い
yaxshilamoq 良くする, 改善する
yaxshisi 最も良いことは, 願わくば
yashamoq 暮らす, 生きる
yashar …歳の
yashik 箱；…箱の
yashil 緑色の

yashovchan 生命力の強い
yashovchi 暮らすところの
ya'ni すなわち, つまり
+ydi 〈母音終りに付く際の edi の前接形〉
yedirmoq 食べさせる
yemoq 食べる
yem-xashak 飼料
yem-xashakbop 飼料に適した
yengil 軽い
Yer$_1$ 地球
yer$_2$ 場所, 土地
yetarlicha 十分なほどに
yetkizmoq 届かせる
yetmish 70
yetmishinchi 70番目(の)
yetmoq ①至る, 達する, 届く. ②〔＝ib^2＋〕（十分に）…になる
yetti 7
yettinchi 7何番目(の)
yettov (都合) 7つ[人]
yey 〈yemoq《食べる》の未完了副動詞の一〉
yeya 〈yemoq《食べる》の未完了副動詞の一〉
yeyilmoq 食べられる
yeyish 食べること
yeyishmoq 皆が食べる
yechinmoq 自ら脱ぐ, はだける
yechmoq ほどく, 脱ぐ
yigirma 20
yigirmanchi 20番目(の)
yigirmatacha 20(個)程の

yigirmoq　紡ぐ
yigit　青年
yil　年
yiqilmoq　倒れる
yirganmoq　嫌悪する
yirik　大きな
yigʻilish　集まること；会議
yigʻilmoq　集まる
yigʻlamoq　泣く
yigʻmoq　集める
+ykan　〈ekanの前接形の一〉
yo　あるいは，もしくは
yo olloh　おやまあ，あらまあ
yoki　あるいは，もしくは，それとも
yomon　悪い：~roq　より悪い
yomgʻir　雨
yon　傍ら
yonboshlashmoq　（肘をついて）相横たわる
yongʻin　火事
yopishmoq　張り付く，くっつく
yopishqoq　粘着性の
yopishtirmoq　くっつかせる
yopmoq　閉める
yop-yorigʻ　実に明るい
yoq　（III.yogʻi）側；方向
+yoq → +oq^2
yoqlamoq　支持する
yoqmoq　気に入る
yoqtirishmoq　皆が好む
yoqtirmoq　気に入らせる；好む
yordam　手伝い，援助：~ bermoq　手伝いをする：~ida〔主＋〕…の助けで

yorilmoq　割られる；破裂する
yorigʻ　明るい
yotib　①〈yotmoqの完了副動詞〉. ②横たわっている；〔＝ib^2＋〕（横たわって）…している
+yotir〔＝(a)＋〕（今）…している
yotishib〈yotibの相動態〉
yotmoq　①横たわる. ②〔＝(a)＋〕（今）…している
yotoqxona　寝室
yotqizmoq　横たわらせる
yoymoq　広げる
yoz　夏
yozdirilmoq　書かせられる
yozdirmoq　書かせる
yozgi　夏の
yozilmoq　書かれる
yozmoq$_1$　書く
yozmoq$_2$　①…しそうになる. ②〔＝a^2＋〕（危うく）…しかける；（間もなく）…する
yozuv　文字
yogʻ　油
yogʻmoq　降る
yogʻoch　木；木製の
yosh$_1$　若い，幼い；若者
yosh$_2$　年齢
yoshli　年齢のある
yoshlik　若い時，幼少期
-yu → -u^2
+yu → -u^2
yubormoq　①送る，よこす. ②〔＝ib^2＋〕〈~〔＝vor＝〕〉（さっさ［決然］

と）…する
yugirmoq　走る
yuk　（III.yuki）荷物
yuksalmoq　高まる
yuksaltirmoq　高める
yulduz　星
yumshoq　軟らかい
Yupiter　木星
yupqa　薄い
yuq　（III.yuqi）残滓
yurak　心臓
yurgizmoq　行かせる
yurib　①〈yurmoq の完了副動詞〉.②〔日常的に）活動している；〔=ib²+〕(日常活動的に)…している
yurishib　〈yurib の相動態〉
yurmoq　①行く，歩く；動く.②〔=ib²+〕((日頃)活動的に)…している
yurt　郷里，里
yurtboshi　国家長
yutmoq₁　飲み込む
yutmoq₂〔対+〕(…に)勝つ，(…を)制する
yutqizmoq　飲み込ませる
yutum（口に含んだ液体）…口の
yuvilmoq　洗われる
yuvinmoq　自分の体を洗う，入浴する
yuvintirmoq　入浴させる
yuvmoq　洗う
yuz　100(の)：~ million 一億：~ ming 十万
yuzasidan〔主+〕…の面で
yuzinchi　100番目(の)

yuzlab　何百もの
yuzta　100(個)の
yo'l　道：~i bilan〔主+〕…による手法で，…によって
yo'lak　通路，径
yo'l-yo'l　縞々の
yo'q　（III.yo'g'i）ない；いいえ，ノー
yo'qolmoq　無くなる
yo'qotmoq　失くす，失う
yo'talmoq　咳をする
yo'taltirmoq　咳をさせる
yo'g'on　太い

Z

zahar　（III.zahri）毒
zahoti　瞬間に
zamin　大地
zamon　時
zamonaviy　近代的な
zarur　必要な
zavq　興，喜び；興味
zavqbaxsh　面白い
zax　じめじめした
zerikarli　面倒な，退屈な
zero(ki)　なぜなら
zeroki → zeroki
zirak　イヤリング
ziyod〔奪+〕(…より)多い，…以上の
Ziyoda〈人名〉ズィヨダ
zotan　そもそも，本来
zuvala　生練り粉；(生練り粉)…塊の
zo'r　すごい

O'

o'girmoq　転じる

o'laroq〔主＋〕…として

o'ldirmoq　死なせる，殺す

o'lmas　死なない；不朽の

o'lmoq　①死ぬ．②〔＝ib^2＋〕（死ぬほど[さんざん]）…する

o'n　10(の)：~ million 1千万：~ ming 1万

o'ng　右(の)

o'ninchi　10何番目(の)

o'nlab　10幾つもの；何十もの

o'nta　10(個)の

o'q　(III.o'qi) 矢；弾丸

o'qilmoq　読まれる

o'qimoq　読む；学ぶ

o'qitmoq　読ませる；学ばせる，教える

o'qituvchi　先生

o'qishmoq　相読む，相学ぶ

o'quv　勉学

o'rama　巻かれた

o'ramoq　巻く

o'ranmoq　自らを巻く

o'rantirmoq　巻かせる

o'rdak　アヒル

o'rganmoq　学ぶ

o'rgatmoq　教える

o'rin　(III.o'rni) 場所；代り

o'rindiq　椅子

o'rmon　森

o'rmoq　刈る

o'rnida〔主(／属)＋〕…の代りに

o'rniga〔主／属＋〕…の代りに

o'rta　間，中間；中くらいの，中規模の：~sidagi その間の

o'rtoq　友達

o'ta　とても

o'tamoq　果たす

o'tin　薪

o'tirib　①〈o'tirmoq の完了副動詞〉．②座っている；(座って)…している

o'tirishib〈o'tirib の相動態〉

o'tirmoq　座る；(座って)…している

o'tirg'izmoq　座らせる

o'tkazdirmoq　過ごさせる

o'tkazmoq　過ごす；行う

o'tkir　鋭い

o'tkizmoq　過ごす

o'tmas　(刃が)鋭利でない，切れない

o'tmaslanmoq　良く切れなくなる

o'tmoq　①過ぎる，通る，通過する；透過する．②〔＝ib^2＋〕…して過ぎる

o'ttiz　30

o'ttizinchi　30番目(の)

o'xshab〔与＋〕…のように

o'xshamoq〔与＋〕…に似ている，…しそうである

o'xshash〔与＋〕…のような[に]

o'y　思索

o'yin　遊び；ゲーム；試合

o'yinchoq　おもちゃ

o'ylamoq　考える

o'ynamoq　遊ぶ

o'ynatmoq　遊ばせる

o'ychan　物思いにふけった
o'z　自身，自分；自体：~ vaqtida 時宜に，時間通りに
o'zbek　ウズベク人：~ tili ウズベク語
O'zbekiston　ウズベキスタン
o'zbekistonlik　ウズベキスタンの
o'zbekcha　ウズベク式の；ウズベク語
o'zga　他の，よその
o'zgarmoq　変わる，変化する
o'zgart(ir)moq　変える
o'zgaruvchan　変わりやすい
o'zidan-o'zi　ひとりでに
o'g'il　(III.o'g'li)　息子：~ bola 男の子
o'g'irlamoq　盗む
o'g'irlatmoq　盗ませる
o'sha　(III.o'shanisi)　これ；この
o'shanaqa　→ o'shanday
o'shanday　このような
o'shandoq　→ o'shanday
o'shancha　これほどの
o'chirmoq　消す
o'chmoq　消える

G'

g'ajimoq　かじる
g'alaba　勝利
g'arb　西
g'ayrat　意気込み
g'ayratchan　意気込みに満ちた
g'ijim　しわくちゃの
g'oyib　見えなくなった
g'oza　綿の木

SH

shahar　(III.shahri)　都市
shahardagi　都市の
shaharlik　都市の
shaharcha　都市生活者様式の
shahmat　チェス：~ o'ynamoq チェスをする
Shahrisabz　〈地名〉シャフリサブズ
shakar　砂糖
shamol　風
shampan vinosi　シャンパン酒
shanba　土曜日
sharbat　ジュース
sharq　東
shart₁　スパッと，プツリと
shart₂　条件；必須である
shartnoma　契約
shaxs　個人；人称
shekilli　…のようだ
Sherzod　〈人名〉シェルゾド
she'r　詩
shifo　治癒，快復
shifobaxsh　病気に効く
shifokor　医者
shikastlanmoq　破損[負傷]する
shim　ズボン
shinam　快適な
shirin　甘い
shirinlik　甘さ；スイーツ
shisha　ガラス(瓶)；…瓶の
shoda　数珠繋ぎのもの；(数珠繋ぎ)…連の

shoir 詩人
shovqinli 騒がしい
shoxobcha 支流；支部
shoshilmoq 急ぐ
shoshmoq 急ぐ
shu （III.shunisi）そ[こ]れ；そ[こ]の：~ sababli それゆえ，だから
shubhasiz 必ず，疑いなく
shunaqa → shunday
shunaqangi それほどまでにも
shunday そのような：~ ekan そうである以上，ならば
shundoq → shunday
shuning そ[こ]の：~ uchun だから，そのため：~dek そして且つ[また]，それと同時に
shuncha それほどの
shunchalik それほど；とても（…なので）
shu'la 光；炎
sho'rva スープ

CH

+cha ①…程の；…式の．②〔主＋〕…によると
chalmoq 弾く
chamasi ①およそ，見当では，見たところ．②〔主＋〕…くらい
chang 埃
chap 左(の)
chaqmoq （虫が）刺す，くう
charaqlamoq きらめく
charchamoq 疲れる
chayqalmoq 揺り動かされる
chayqaltirmoq 揺り動かさせる
chashka カップ；（カップ）…杯の
chegara 国境
chekinmoq 退く
chekmoq 引く
chelak バケツ；（バケツ）…杯の
chet 辺境；外国(の)：~ el 外国：~ el-lik 外国の：~ tili 外国語
-chi …はどうなのか；〔命令形＋〕…しなよ
+chi → -chi
chigal もつれた
chigallashmoq もつれる
chimdim （3本ほどの指による）…つまみの
Chingizxon 〈人名〉チンギス　ハン
chiniqtirmoq 鍛錬する
chiqarmoq 出す
chiqaruvchi 出すところの
chiqazmoq 出す
chiqim 出費
chiqmoq ①出る；登る．②〔=ib^2 +〕…しとおす，…しきる
chiroq ランプ
chiroy 美，美しさ
chiroyli 美しい：~roq 美しめの，より美しい
chislo 日付
chivin 蚊
Chig'atoy 〈人名〉チャガタイ
chol おじいさん
chopag'on よく駆ける

chopmoq　駆ける
choqqacha　この時まで
chorak　4分の1（の）；15分
chorraha　交差点
Chorsu　〈地名〉チャルス，チョルス
choy　お茶
chog'i　① …のようだ．② → chog'li
chog'li　〔主＋〕…くらいの
chunki　なぜなら
chunonchi　例えば

chuqur　深い
chuchvara　餃子，チュチワラ
cho'kirmoq　ひざまづかせる
cho'kichlamoq（ツルハシで）打つ，掘る
cho'kmoq　ひざまづく
cho'mich　杓子
cho'ntak　ポケット
cho'chimoq〔奪＋〕（…を）恐れる；怖じける
cho'chqa　ブタ

参考文献

〔日本語・中国語文献〕

黒柳恒男（1995），『現代ペルシア語辞典』，大学書林，東京．

ジュリボイ・エルタザロフ，ザルニゴル・ドナボイェヴァ（2013），『ウズベク語会話 対話テキスト』，（ウズベク語研修テキスト1），東京外国語大学 アジア・アフリカ言語文化研究所，東京．

―――，―――（2013），『ウズベク語リーダー』，（ウズベク語研修テキスト2），東京外国語大学 アジア・アフリカ言語文化研究所，東京．

伊達　秀（2008），『ウズベク語初級』，ブイツーソリューション，名古屋．

程適良，阿不都熱合曼（1987），『烏孜別克語簡誌』，民族出版社，北京．

中嶋善輝（2013），『カザフ語文法読本』，大学書林，東京．

―――（2013），『明解ウズベク語文法』（ウズベク語研修テキスト3），東京外国語大学 アジア・アフリカ言語文化研究所，東京．

―――（2013），『ウズベク語基礎例文1000』（ウズベク語研修テキスト4），東京外国語大学 アジア・アフリカ言語文化研究所，東京．

―――（2015），『簡明ウズベク語辞典』，大阪大学出版会，大阪．

吉村大樹，ジュリボイ・エルタザロフ（2009），『ウズベク語文法・会話入門』，民族紛争の背景に関する地政学的研究 Vol.4，大阪大学世界言語研究センター，大阪．

〔ラテン文字文献〕

Azimova, N.,（2010）, *Uzbek : an elementary textbook*, Georgetown University press, Washington.

Bedrak, Y.,（2002）, *O'zbek Tilini O'rganamiz*, «Yangi asr avlodi» nashriyot-matbaa markazi, Toshkent.

Bonk, N. A., Kotiy, G. A., Lukyanova, N. A.,（2012）, Ingliz Tili Qo'llanma, «ART FLEX», Toshkent.

Butayev, Sh., Irisqulov, A.（2009）, *English-Uzbek Uzbek-English Dictionary*, «FAN», Toshkent.

Coşkun, V.,（2000）, *Özbek Türkçesi Grameri*, Türk Dil Kurumu, Ankara.

Ismatulla, K. H,（2001）, *Uzbek Textbook Volume 2*, Dunwoody Press, Springfield, Virginia.

Mahmudov, N. va boshq.,(2009), Ona Tili 6, «TASVIR», Toshkent.

Mahmudov, N. va boshq.,(2009), Ona Tili 7, «MA'NAVIYAT», Toshkent.

Mamatov, J., Horlik, M., Kadirova, K.(2011), *Comprehensive Uzbek-English Dictionary*, Dunwoody Press, Hyattsville, Maryland.

Muhammadjanov, A.,(2011), *O'zbek xalq ertaklari*, «ART FLEX», Toshkent.

Rafiyev, A., Niyozmetova, R., Dulabov, F.,(2007), *O'zbek Tili*, «ILM ZIYO» nashriyot uyi, Toshkent.

Sjoberg, A. F.,(1962), *Uzbek Structural Grammar*, Indiana University, Bloomington, Indiana.

Xolmuradov, A. A., R. X. Aziziv,(2007), *English-Uzbek, Uzbek-English Dictionary*, G'afur G'ulom nomidagi nashriyot-matbaa ijodiy uyi, Toshkent.

O'zbekiston Respublikasi Prezidenti Huzuridagi Davlat va Jamiyat Qurilishi Akademiyasi (2004), *O'zbek Tilining Kirill va Lotin Alifbolaridagi Imlo Lug'ati*, «Sharq» nashriyot-matbaa aksiyadorlik kompaniyasi Bosh tahririyati, Toshkent.

G'apporov, M., Qosimova, R.,(2012), *Ingliz Tili Grammatikasi*, «TURON-IQBOL», Toshkent.

〔キリル文字文献〕

Исматуллаев, Х. Х.,(1991), *Самоучитель Узбекского Языка*, «Ўқитувчи» Нашриёти, Тошкент.

Комилов, М. Б.,(2007), *Ўзбекча-Русча-Инглизча Сўзлашгич*, «TURON-IQBOL», Тошкент.

Кононов, А. Н.,(1960), *Грамматика Современного Узбекского Литературного Языка*, Академия Наук СССР Институт Востокаведения, Издательство Академии Наук ССР, Москва-Лениград.

Красных, В. И., Гаюпов, С. И.,(1988), *Узбекско-Русский и Русско-Узбекский Разговорник*, Издательство «Русский Язык», Москва.

Маъруфов, З. М.,(1981), *Ўзбек Тилининг Изоҳли Луғати*, I(А-Р)-II(С-Ҳ), Ўзбекистон ССР Фанлар Академияси А. С. Пушкин Номидаги Тил ва Адабиёт Институти, «Рус Тили» Нашриёти, Москва.

Мирзаев, М., Усмонов, С., Расулов, И.,(1966), *Ўзбек Тили*, «Ўқитувчи» Нашриёти, Тошкент.

Мирзаев, Т. ва бошк.,(2006), *Ўзбек Тилининг Изоҳли Луғати* 1-5, «Ўзбекистон Миллий Энциклопедиясы» Давлат Илмий Нашриёти, Тошкент.

Наделяев, В. М. и т. д., (1969), *Древнетюркский Словарь*, Издательство «Наука», Ленинград.

Назаров, К., Сайфуллаева, Р., Убайдуллаева, М., (1993), *Ўзбек Тили*, «Ўқитучи» нашриёти, Тошкент.

Ҳожиев, А., (1966), *Ўзбек тилига кўмакчи феъллар*, Ўзбекистон ССР Фанлар Академияси А. С. Пушкин Номидаги Тил ва Адабиёт Институти, Ўзбекистон ССР «Фан» Нашриёти, Тошкент.

中嶋善輝（なかしま・よしてる）

1971年愛知県生まれ．2006年大阪外国語大学言語社会研究科言語社会専攻，博士後期課程修了．現在，大阪大学大学院言語文化研究科准教授．1992年〜1994年ウランバートル在住，1997年〜1999年中国・内蒙古大学留学，1999年〜2000年中国・新疆大学留学．専門はモンゴル語学，アルタイ言語学，チュルク語学を主な研究分野とする．主な著書に『簡明ウズベク語辞典』（大阪大学出版会，2015）．

簡明ウズベク語文法

2015年12月22日　初版第1刷発行　　　［検印廃止］

　　著　者　中嶋善輝

　　発行所　大阪大学出版会
　　　　　　代表者　三成賢次

　　　　　〒565-0871　吹田市山田丘2-7
　　　　　　　　　　　大阪大学ウエストフロント
　　　　　　TEL 06-6877-1614（直通）
　　　　　　FAX 06-6877-1617
　　　　　　URL : http://www.osaka-up.or.jp

　　印刷・製本　亜細亜印刷株式会社

ⓒNAKASHIMA Yoshiteru　2015　　　　　Printed in Japan
　　　　　　ISBN 978-4-87259-534-5 C3087

　　　　　　Ⓡ〈日本複製権センター委託出版物〉
本書を無断で複写複製（コピー）することは，著作権法上の例外を除き，禁じられています．本書をコピーされる場合は，事前に日本複製権センター（JRRC）の許諾を受けてください．